Heinrich Heine, Eugen Wolff

Briefe von Heinrich Heine an Heinrich Laube

Heinrich Heine, Eugen Wolff

Briefe von Heinrich Heine an Heinrich Laube

ISBN/EAN: 9783743684317

Hergestellt in Europa, USA, Kanada, Australien, Japan

Cover: Foto ©Thomas Meinert / pixelio.de

Weitere Bücher finden Sie auf **www.hansebooks.com**

Briefe von Heinrich Heine an Heinrich Laube.

Herausgegeben

von

Eugen Wolff.

Breslau.

Schlesische Buchdruckerei, Kunst- und Verlags-Anstalt
b. S. Schottlaender.

Leipzig: E. F. Stelnacker.   1893.   Newyork: Gustav E. Etechert.

Adolf Strodtmann veröffentlichte in seiner Sammlung von Heine's Briefen siebzehn an Laube gerichtete Schreiben. Den Empfang einer gleichen Anzahl Schriftstücke bescheinigt Strodtmann in einem unter Laube's Nachlaß befindlichen Briefe vom 14. November 1861 mit dem Bemerken, daß er im Druck „die rein persönlichen Schimpfereien auf Gutzkow" fortlassen werde. Die Ausgabe von Karpeles fügte nur zwei Zettel hinzu. Als ich Anfang 1892 den Nachlaß Laube's durchsah, fand ich noch zwölf unbekannte Briefe Heine's, zunächst in Abschrift. Die alsdann von mir herangezogenen Originale der erhaltenen Briefe Heine's an Laube · bewahrt jetzt, gesondert von den meisten anderen Nachlaßstücken, des letzteren Pflegetochter Frl. Cornelia Haas in Heidelberg. Auch damit ist die Correspondenz beider Männer nicht erschöpft: erwähnt doch namentlich Laube in seinen Erinnerungen an Heinrich Heine (Gartenlaube 1868, S. 26) aus dessen letzten Lebensjahren „lange Briefe über religiösen Glauben und sein Verhältniß zu Gott, Kirche, Tod

und Unsterblichkeit", Briefe, welche ihm leider verloren ge=
gangen seien.

Die nun hier vorliegenden Schriftstücke eröffnen zwar
nicht wesentlich neue Gesichtspunkte zur Beurtheilung
Heine's, bieten jedoch willkommene Ergänzung und nach
mancher Richtung nicht unwichtige Befestigung der einen
oder andern Ansicht über Heine's Leben, Wesen und
Dichten. Charakteristisches Interesse ist den meisten über=
dies auch in stilistischer Beziehung nicht abzusprechen, wie
ja gerade die Eigenart dieses Schriftstellers eine engere
Verwandtschaft zwischen seinen Privatbriefen und seinen
eigentlich literarischen Prosaschöpfungen bedingt. Nachdem
schließlich Heine längst in die Zahl derjenigen Dichter ein=
getreten ist, deren Briefe aneinandergereiht als Gesammt=
bild dargeboten werden, scheint mir die Ausfüllung der
Lücken im Briefwechsel mit Laube besonders erwünscht.

Uebergangen sind nur einige wenige nebensächliche
Bemerkungen, die auch im Ausdruck anstößig erschienen.
Sonst erfolgt der Abdruck getreu nach den Originalen,
welche bis auf die dictirten und nur selbst unterzeichneten
beiden Briefe von 1850 ganz von Heine's eigner Hand
geschrieben sind, — nur daß natürlich offenbare Schreib=
fehler sowie störende Nachlässigkeiten in der Interpunktion
und in der Bezeichnung des Umlautes verbessert wurden.

Oft schreibt Heine, wohl unter französischem Einfluß,
den Umlaut von a als ae oder geradezu e. Auch ver=
einzelte andere Einwirkungen französischer Schreibweise
lassen sich erkennen; bedenklich ist aber namentlich das Ein=

greifen französischer Rection und Construction (widersprach
die Artikel, glaubte wissen lassen, diesen Mangel abhelfen,
ins Reine sein); dazu gehört auch unflectirter Gebrauch der
Apposition und sonstiges grammatische Schwanken. Ro=
manische Fremdwörter, auch solche, die in Deutschland
selbst ungebräuchlich, kommen reichlich zur Verwendung;
auch Laube erkannte offenbar, daß sich hierin französi=
scher Einfluß verrieth, und so tilgte er zur Vermeidung von
Selbstverrath einige Fremdwörter in einem der hier abge=
druckten Schriftstücke, das zu anonymer Veröffentlichung be=
stimmt war. Diese Wörter sind theils noch in ihren romani=
schen Schriftzeichen, meist aber gerade entgegengesetzt nach
der deutschen Aussprache geschrieben (Indiskrezion, Redak=
zion, Revoluzionäre, Szenen u. s. f.). Von letzterer Er=
scheinung abgesehen, ist die Schreibweise Heine's keineswegs
vorgeschritten, ja sie bekundet in ihren y für das modern
durchgeführte i, den ß, ßt für s, st, den tz für z, th für
durchgeführtes t ein auffallendes Zurückbleiben in den Ge=
pflogenheiten des vorigen Jahrhunderts, in dessen Ueber=
lieferungen seine Schulbildung noch steckte. An seine frühe
Jugendzeit gemahnt ferner häufig die Apokope des e am
Ende der Zeitwörter. Hervorstechende Eigenschaften des
Stils sind schließlich die häufige Auslassung des persön=
lichen Fürworts, nicht blos nach dem Kaufmannsstil in
der ersten Person, und die möglichste Abstoßung schwer=
fälliger Hilfszeitwörter in zusammengesetzten Constructionen.
Die hier gebotenen Briefe umfassen die Jahre 1839
bis 1850. Laube's Beziehungen zu Heine, welche erst mit

dem Tode des Letzteren enden, beginnen bereits 1833; aber 1839 ist das Jahr ihrer persönlichen Bekanntschaft. Gerade 1833 übernahm Laube zum ersten Mal die Redaction der „Zeitung für die elegante Welt" zu Leipzig; in diesem Blatt feierte er begeistert Heine's „Französische Zustände", „Zur Geschichte der neuern schönen Literatur in Deutschland" und den ersten Band des „Salons". Laube's eigner Roman „Das junge Europa", den Heine kannte, athmete zukunftsfrohen Geist, seine „Reisenovellen" wandelten direct auf Heine's Spuren, doch hatte sie sich dieser noch im September 1835 nicht verschaffen können. Bei Uebernahme der „Eleganten Welt" nähert sich Laube auch persönlich dem gefeierten Dichter in Verehrung und sucht ihn natürlich als Mitarbeiter zu gewinnen. Kam Heine unter diesen Umständen schon von vornherein dem jüngern Schriftsteller mit besonders lebhaftem Interesse entgegen, so kettete sie die Menzel'sche Denunciation und die aus ihr folgende Aechtung des sogenannten Jungen Deutschland noch fester an einander; auch berührte die unwandelbare Treue, mit welcher Laube dem Dichter schriftstellerisch und persönlich ergeben blieb, den Vielverfolgten auf's wohlthuendste.

Während Heine im sichern Zufluchtsort der freilich bittern Selbstverbannung lebte, war Laube 1834 aus Sachsen verwiesen, zu Berlin verhaftet und neun Monate in der Hausvogtei gefangen gehalten worden. 1837 wurde er zu sieben Jahren Festung verurtheilt; indessen handhabten die damaligen Gewalthaber selbst das System der

Unterdrückung mit schwächlicher Halbheit: auch die Haft Laube's trägt keineswegs alle Kennzeichen der Tragödie, denn auf Verwendung der Fürstin Pückler=Muskau wurde ihm das Amtshaus Muskau als Aufenthaltsort angewiesen, wo er in Begleitung seiner Frau und nicht ohne Verkehr lebte. Nach anderthalb Jahren hob man auch diese In= ternirung auf. Unmittelbar darauf fällt unser, erster Brief.

Paris, den 7. Januar 1839.

Liebster Laube!

Ich schreibe Ihnen heute unter den verdrießlichsten äußern Verhinderungen: draußen schneekaltes Sturmwetter, in meinem Zimmer mehr Rauch als Feuer, neben mir ein Papagey, der be= ständig schreit, und ein schönes Weib, welches mit einer alten tauben Magd zankt. — Und wie sieht's erst im Innern aus, in der Seele — wie in einem alten Schornstein, worin Heeringe ge= trocknet werden und die Hexen auf ihren Besenstielen auf und ab steigen!

Aber ich darf es doch nicht länger aufschieben, ich muß Ihnen heute antworten, damit Sie wenigstens erfahren, daß die ver= zögerte Rücksendung des Pückler'schen Manuscriptes nicht meiner Schuld beyzumessen — ein Franzose, dem ich es anvertraut, hat mich bis heute an der Nase herumgeführt, und ich muß es endlich ihm abnehmen und einem andern zur Durcharbeitung anvertrauen. Dann habe ich Ihnen auch zu bedeuten: daß ich sehr bald eine Reise antrete, die mich auf geraume Zeit von Paris entfernt halten möchte, und daß ich daher wünsche, das Manuscript Ihrer Literatur= geschichte recht bald zu erhalten. Schicken Sie mir alles, was davon abgeschrieben ist, sobald als möglich, und zwar durch die fahrende Post. — Buchhändlergelegenheiten sind verdammt langschleppig, und so habe ich z. B. Ihren vorletzten Brief sehr spät erhalten.

Abreſſiren Sie das ·Paquet: an H. Heine, aux soins de Mr Jules Cohen, Faubourg Poissonnière No. 15 à Paris.

Seyn Sie nicht ungehalten — auch heute noch nicht, auch heute ſchicke ich Ihnen die verlangten biografiſchen Notizen noch immer nicht — aber Sie ſollen ſie doch binnen 14 Tagen erhalten

Ich gratulire Ihnen, daß Sie jetzt Ihre völlige Freyheit er langt haben — was Sie auch jetzt beginnen mögen, meine Theil nahme bleibt Ihnen gewiß; auch in literariſchen Unternehmungen, — obgleich ich mich aus dem Zeitgezänke gern fern hielte — Aber, ich habe es Ihnen oft genug geſagt, und Sie wiſſens auch von ſelbſt daß Sie der einzige ſind, mit dem ich, im tiefſten Sinne des Wortes, harmonire. Ich gebe Ihnen carte blanche, wo Sie es nur wollen, und wozu Sie es nur wollen, meinen Namen zu ge brauchen. Sie können in meinem Namen ſagen und thun, was Sie nur wollen — ſo viel Zutrauen ſetze ich in Sie!

Ich befinde mich wohl und muthig und baue mir täglich neue Luftſchlöſſer. Mit meinen Augen geht es beſſer.

Ich lebe viel, ſchreibe wenig und gebe gar nichts heraus Letzteres hat ganz andere Gründe, als Sie wohl vermuthen dürften Campe nemlich iſt es, welcher mir alle Luſt dazu, wonicht gar di Freude am Schreiben ſelbſt verleidet. Daß er früherhin, wo er in Angſt vor Verantwortlichkeit ſchwebte, meine Bücher mit gräßlichen Verſtümmelungen drucken ließ, das verzeih ich ihm, obgleich er mich dadurch den peinlichſten Mißverſtänbniſſen preiß gab. Aber jetzt benken Sie was mir geſchieht! denken Sie:

Vor länger als 12 Monathen ſchicke ich ihm eine Nachrede zum 2. Bande meiner Gedichte, wovon er mir verſicherte, daß ſi im Begriffe ſtänden, die Preſſe zu verlaſſen. Kein Wort Politi darin, kein Wort, das mir der ſtockigſte Zenſor nicht hingehen laſſen konnte — ich ließ das Manuſcript einen Oeſtreicher leſen, der mir verſicherte, es kann in Wien das Imprimatur erlangen. — Nur Durchhechelung der Schwaben und Zurechtweiſung des kläg lichen Pfitzers enthielt mein Manuſcript. — Ich bekümmerte mich schon nicht mehr darum, — als ich im Herbst Brief von Campe erhielt, worinn er versicherte, daß meine Gedichte nicht die Censur passirt hätten, daß also meine Nachrede ebenfalls nicht gedruckt worden, und daß er mir vorschlüge, diese Nachrede in einer Zeit=schrift, welche er unter dem Namen Literarische Jahrbücher unter der Presse habe, gleich abbrucken zu lassen. — Nur abbrucken! Nur schnelles Abbrucken, antwortete ich ihm auf der Stelle, nur ab=brucken, gleichviel wo, aber schnell!

Und nun vor 14 Tagen erhalte ich die Aushängebogen und finde, daß der Aufsatz ganz verstümmelt ist, und zwar boßhaft ver=stümmelt, in den wichtigsten Uebergängen, wie es keine Censur thut, sondern nur eine freche Privathand es thun konnte. Ich habe Campe sogleich meinen ganzen Unwillen, meine ganze Entrüstung, meinen ganzen Ekel geschrieben und ihm angezeigt, daß ich meine Nachrede in ihrer Originalgestalt drucken lassen. Er hat mir kläglich geantwortet und mir fast eingestanden, daß es nicht der Censor war, der mich verstümmelte. Sie sehen, ich bin ver=rathen und verkauft von Campe, der freylich sehr bald dafür büßen muß, daß er mit Gutzkows Helfershelfern, dem miserablen Wihl, dem elenden Beurmann, und ähnlichem Gesindel fraternisirt. — Da mir der Karakter Gutzkows ganz klar ist, so bin ich überzeugt, daß Campe eben von Gutzkow am Ende abgestraft wird, und daß er wie Menzel am Ende den Bodensatz der Gutzkowschen Freund=schaft kosten wird. Ja, Gutzkows ganzes Wesen ist mir klar — und ich bedauere ihn sehr. Er ist besessen von einem Dämon, der mir wohl bekannt ist. Ich erinnere mich, daß ich vor diesem Dämon immer Angst hatte. Es ist vielleicht ein Galgenmännlein — Zuerst hatte ihn Kotzebue, der überlieferte ihn dem Müllner, dieser dem Menzel, dieser wieder dem Gutzkow — der hat ihn vielleicht am wohlfeilsten erstanden und kann ihn nicht los werden, und wir sehen ihn bald als wahnsinnigen Halbheller im Lande herumlaufen, wenn nicht gar ihm der Teufel den Hals umdreht. Ich scherze nicht ganz; das Böse, was in ihm sitzt, erscheint mir wie Ueber=

lieferung. Er wirft mit Koth wider seinen Willen. Mich z. B. will er loben, und weiß doch nichts Besseres zu thun, als daß er die Triumphforte, die er mir baut, mit dem alten Menzel'schen Koth bekleckst, von meinem Judenthume spricht, ganz à la Menzel, der mit dieser Losung zuerst den Pöbel gegen mich zur Bund= genossenschaft aufrief und sein eigenes Originaldeutschthum doku= mentiren wollte. Ober sollte wirklich Gutzkow so wenig Bildung, so wenig Takt besitzen, daß er von Dingen redet, woran man weder mich noch den Pöbel erinnern sollte, Dinge, die jeder, der meine Achtung genießen will, nicht einmal denken sollte, so kläglich, so miserabel sind sie. — Sie begreifen, eben Sie, Laube, der Sie nächst Varnhagen der taktbegabteste Schriftsteller sind, Sie be= greifen, daß ich hier nicht aus Unmuth spreche; jener gedruckte Koth hat für mich nichts Verletzendes, ich bin sogar zufrieden, wenn meine Feinde keinen neuen Koth ersinnen, mit der Mistgabel mich bedrohen statt mit feinen Stiletten, und ich habe lieber, daß sie damit nach der längst verlassenen Wiege hinstechen, als daß sie nach meinem jetzigen Bette oder Ruhestätte hinzielen — Sie verstehen mich — aber jede Erwähnung, in der angedeuteten Weise, ist mir immer ein Criterium für den Charakter und das innere Wesen dessen, der sich derselben bediente.

Das Jahrbuch selbst, worin Gutzkow mich gelobt und Laube und Mundt getadelt, ist mir erst vor einigen Tagen zu Gesicht ge= kommen — und was ich oben erwähnt, werden Sie zu deuten wissen. Die Angriffe gegen Sie und Mundt erregen bey mir nur Ekel — Wie wird das enden! An Geist und Talent fehlt es dem Manne nicht, aber beidem fehlt jener Halt, ohne welchen Alles ver= pufft und verknistert. Kleinere Sterne werden länger glänzen als dieser stralende Comet, der mit seinem Flammenschweife am Himmel. der Literatur, ohne Schonung und Gesetz, dahin läuft. Was bedeutet dieser Comet? Oder ist dieser Comet zugleich selber das Unglück, welches er bedeutet? Ich glaube es fast, denn dieses literarische Unglück, welches Gutzkow heißt, ist groß genug und hinlänglich betrübsam. Leben Sie wohl und heiter. Ihrer Frau und der Fürstin Pückler meine gehorsamsten Grüße.

Ihr Freund

Monsieur Heinrich Laube.

Müskau

en Silesie (Allemagne).

H. Heine.

Das Schreiben führt uns mitten in die literarischen Kämpfe der Zeit. Nur der Anfang ist persönlicher Natur. Unter dem erwähnten Pückler'schen Werk haben wir des Fürsten „Andeutungen über Landschaftsgärtnerei" in französischer Uebersetzung zu verstehen.

Beurmann und Wihl waren von Heine auf's freund- lichste in Paris empfangen worden. Ersterer hatte sich dann Ende 1837 öffentlich mit Gehässigkeit über Heine geäußert und die Gastfreundschaft desselben mit feindseliger Indiscretion erwidert, wie auch Ludwig Wihl zugestand. Dieser ließ sich indessen selbst in seinem Aufsatz „Heinrich Heine in Paris" unter Anerkennung des Dichters ab- sprechend über den Charakter Heine's vernehmen, den er gegen Börne herabsetzte. Er veröffentlichte seine Aus- lassung 1838 im „Telegraphen für Deutschland", welchen Gutzkow seit dem Vorjahre, noch dazu in Campe's Verlag, redigirte.

Inzwischen sah sich Heine von der schwäbischen Dichterschule, deren er freilich ironisch genug in der „Ro- mantischen Schule" gedacht, dadurch herausgefordert, daß sich Gustav Schwab von der bisher mit Chamisso ge- meinsam geführten Redaction des „Musenalmanachs" und seine Landsleute von der Mitarbeit zurückzogen, weil der Verleger dem Jahrgang 1837 Heine's Bild beigab. Dieser zeichnete nun die schwäbische Schule in der Tannhäuser-Legende auf die bekannte respectwidrige Weise, darauf ging Gustav Pfizer Anfang 1838 in der „Deutschen Vierteljahrschrift" mit „Heine's Schriften und Tendenz" in's Gericht. Diesen Aufsatz besprach der „Telegraph" zu Heine's neuem Verdruß ohne besonders scharfe Widerlegung. Im Mai entsteht Heine's Antwort, ursprünglich als Nachrede zu einem zweiten Band des „Buchs der Lieder." Da jedoch sein Verleger Campe sich nicht scheute, Gutzkow das Manuscript zu zeigen, erhebt dieser in einem ausführlichen, anmaßenden Briefe vom 6. August 1838 heftige Vorwürfe, namentlich den der Unsittlichkeit gegen den Dichter. Trotzdem geht Heine auf dieses Schreiben in Kürze ruhig ein. Die Gedichtsammlung läßt er erst 1844 unter dem Titel „Neue Gedichte" in die Oeffentlichkeit treten. Das Nachwort erschien aber alsbald im „Jahrbuch der Literatur", das Gutzkow ebenfalls herausgab, mit der Ueberschrift „Schwabenspiegel." Gegen die Verstümmelung desselben erließ der Autor in der „Zeitung für die elegante Welt" eine Verwahrung, und ebenda veröffentlichte er auf Campe's im „Telegraphen" folgende Behauptung, daß die sächsische Censur die Kürzungen verschulde, einen schonungslosen offenen Brief „Schriftstellernöten." Nun sucht Gutzkow in seiner Zeitschrift dem Gegner den Garaus zu machen, daneben sendet Wihl an den „Hamburgischen Correspondenten" einen Artikel, welchen Kühne in der jetzt von

ihm redigirten „Zeitung für die elegante Welt" gleich=
zeitig mit einer Parodie desselben abbruckt, die Heine
im Namen „Hektors, des Jagdhunds bei Hoffmann und
Campe in Hamburg" abgefaßt hatte. Laube kam mit seiner Frau 1839 nach Paris, ver=
weilte in Frankreich bis gegen Ende des nächsten Jahres
und verkehrte so fast ein Jahr mit Heine persönlich,
bis er sich wieder in Leipzig niederließ. Heinrich Heine
stand damals geistig wie körperlich in voller Kraft. Eben
beschäftigte ihn eine Schrift über bezw. gegen Börne,
welche freilich nur zu sehr geeignet war, die Schaar von
Heine's Feinden zu verstärken, um so mehr als Gutzkow
gleichzeitig dem 1837 verstorbenen Börne ein verehrungs=
volles literarisches Denkmal setzte.

Saint=Lo, den 3. September 1840.

Liebster Laube!

Vor etwa 10 oder 12 Tagen schrieb ich Ihnen, den andern
Tag erhielt ich Ihren verdrießlichen Brief, dessen letzte Gründe ich
erst heute verstehe, indem ich, von einer Exkursion in die Bretagne
hier ankommend, einige Briefe aus Hamburg vorfand, und klar ein=
sehe, von welcher Art der Gaunerstreich ist, der gegen mich ausge=
heckt worden. Wie weit Campe schuldig ist, weiß ich nicht, aber
daß Mr. Gutzkow ein literarischer Cartouch ohne Gleichen, ist wieder
aufs Glänzendste bewährt. Man rechnet auf völlige Unthätigkeit
von meiner Seite und wieder sucht man mich durch Drohungen und
durch Vermittlungen zum Schweigen zu bewegen. Diesmal aber
ist Schweigen Feigheit und Verrath an die Interessen unserer
Literatur: — Legen Sie die Hand auf mein Herz: es schlägt
ruhiger als je und die Schnöbitäten, womit ich hier heimgesucht
werde, begegnen der trägmüthigsten Apathie. — Aber es ist die

Frage, soll dieses unerhörte Ränkensystem, die organisirte Lüge, in der Literatur geduldet werden? Ist es nicht meine Pflicht, es zu enthüllen? Ich scheere mich den Henker um das Schicksal meines Buches, ich bin an Schimpfen gewöhnt, ich bin zufrieden mit meiner eignen Zufriedenheit, — ich will mir selber genügen, und deßhalb hatte ich auch niemanden beauftragt, mein Buch zu vertreten. Es gilt jetzt ein schlechtes Treiben an den Tag zu bringen, damit das Publikum lerne, was die anonyme Presse, die einem Gutzkow erlaubt, durch Helfershelfer zu verläumden, am Ende bedeutet. Durchschaut habe ich diese Manöver gleich, bey Gelegenheit Ihrer Literatur habe ich Ihnen bereits darüber Licht gegeben, und Sie waren der Meinung, es müßte in Deutschland etwas geschehen. Daß ich die kleinen anonymen Artikel, die damals gegen Ihr Buch erschienen, nicht in der Allg. Zeit. widersprach, ist nicht meine Schuld, sondern Kolbs, der mir meinen Aufsatz zurückschickte. Ueberall traf ich auf Gutzkowsche Intriguen in Betreff Ihrer, und ein andermal erzähle ich Ihnen, wie ich dergleichen entgegen arbeitete. Wie können Sie mich verkennen! Wie können Sie meine Schreibfaulheit mißdeuten. — In Betreff der Literatur glaubte ich Ihnen Hinlängliches wissen lassen, und schrieb nicht, erstens weil die außerordentlichsten Crisen alle meine Federthätigkeit in Anspruch nahmen und dann auch weil ich Ihnen Resultate zu melden wünschte, und trotz aller Mühen nicht dazu gelangte. Sobald ich in Paris anlange, schreibe ich Ihnen entweder selber haarklein alle darauf bezüglichen Mißlichkeiten oder lasse sie Ihnen durch einen Dritten schreiben, um Zeit und gute Laune zu schonen. Jeder Brief kostet mir Augenanstrengung.

Jetzt handelt es sich weder um ein Buch von Ihnen oder von mir, sondern um das Gutzkowsche Treiben vor dem Publikum zu enthüllen, und bin ich des Beystands der Freunde, deren Interessen hier eben so gut wie die meinigen im Spiel sind, einigermaßen sicher, so tret ich als ein ehrlicher und gemäßigter Mann auf und sage die ehrliche Wahrheit, die am Ende dennoch siegt; —

möge man nachher immerhin alle meine Lebensverhältnisse, durch
liftige Entstellungen, verläumden.

Suchen Sie besonders Kühnes Beistand zu gewinnen. Wenn
er die Elegante nicht mehr besitzt, wird er ebenso gut wie ich und
Sie dem Preßmißbrauch Gutzkows et Consorten ausgesetzt sein.
Er ist ein tiefsinniger Kopf und wird leicht begreifen, wie es
wichtig jetzt ist, daß ich unterstützt werde. Ich bitte, gehen Sie
auch andere Freunde an, in meinem Namen. — Campe, welcher
das Gutzkowsche Buch über Börne nicht drucken wollte, hat die
zu Grunde liegende Geldbifferenzen geordnet, und druckt es jetzt.
— Von Weill hab ich Brief vorgefunden (ich schickte ihm mein
Buch von Granville aus) und auch er macht mich drauf aufmerksam, daß die Frankfurter Seelenwittwe Börnes und ihr überlebender
Leibgatte sehr viel Geld gegen mich spendiren werden. Aus Hamburg
erhalte ich denselben Wink.

Ich habe in der letzten Zeit viel Noth und Sorge gehabt
und besonders viel Geld eingebüßt. — Indessen meine Finanzen
sind in diesem Augenblick in sehr gutem, fast blühenden Zustand,
und ich mach Sie darauf aufmerksam, Geldinteressen brauch
ich nicht zu schonen.

Ich habe mir ins Gedächtniß zurückgerufen, was ich Ihnen
von Granville aus geschrieben, und von diesem Brief will ich
folgenderweise Gebrauch machen. Diesen Brief müßten Sie jemanden
anvertrauen, der ihn drucken läßt; da er älter ist, als was ich später
vorzubringen habe, und gewiß auch ganz den Charakter der Unab-
sichtlichkeit tragen mag und die Intriguen, die gegen mich gesponnen
werden, schon gleich erkennen läßt: so kann dieser Brief die nütz-
lichsten Resultate hervorbringen: erstens werde ich dadurch ge-
zwungen weitere Erklärungen und Erörterungen zu geben, Briefe
von Campe mitzutheilen, ich reize vielleicht gar Gutzkow schon
gleich zu Angriffen gegen Campe, und alles, was ich vorbringe, erscheint absichtloser in den Augen des Publikums. Da ich in der
Ferne lebe, so ist die Mittheilung des Briefes keine Indiskrezion,

sondern nur ein Freundschaftsdienst, wodurch die dem Abwesend⸗
gespielte Posse und Perfidie in seinen Wirkungen vereitelt wir
Nur muß der Brief (dieses Aktenstück!) mit klugen Worten ei⸗
geleitet und encadrirt werden.

Gegen Schufte muß man mit List agiren, sonst ist man perd

Ich glaube, ich habe hier ausgepünktelt, wie der Feldzug a
vortheilhaftesten für mich eröffnet werden kann. — Findet sich ke
Mensch von bekanntem Namen, der den erwähnten Brief aus Granvil
mit Ihrer Erlaubniß publiziren kann, so müssen Sie ihn durch ein
Anonymus drucken lassen. Jedenfalls hoffe ich, daß Sie diesem Plc
gemäß handeln werden. Ich glaube, es steht nichts im Brief, wc
nicht mittheilbar. In drey Tagen bin ich in Paris, wo eine Maj
Geschäfte meiner harren. Werde aber nichts vernachlässigen. Schreib⸗
Sie mir bald, was Sie gethan, ob Sie meinen Plan in obig
Weise eingeleitet. — Sie haben keinen Begriff davon, mit welch
mauvaise foi gegen mich intriguirt wird, und wie ich zu jede
artigen Gegenwehr berechtigt bin!

Daß aber mein armer Immerman todt ist, ist doch bc
Schlimmste. Er gehörte noch zum Sagenkreis des alten Deutsc
lands. Wie weit ich zum jungen Deutschland gehöre, wird si
jetzt zeigen, wenn der Krieg in der Welt wieder los geht. I
glaube noch an mir selber.   H. H.

Von dem Eingangs und gegen Ende erwähnten Brie
ist nur die Nachschrift erhalten (s. Heine's Gesammelt
Werke, herausgegeben von G. Karpeles, Band IX
S. 250 f.).

Seit Februar 1840 sandte Heine wieder der Augs
burger „Allgemeinen Zeitung" Correspondenzen.

Der Kampf mit Gutzkow über Börne spitzte sic
besonders heftig zu. Gutzkow zieh Heine der Lüge, ohn

elbſt bei der Wahrheit geblieben zu ſein. Noch peinlicher
geſtaltete ſich durch des Dichters Schuld der Streit mit
einem Herrn Salomon Straus aus Frankfurt a. M.,
dem nunmehrigen Gemahl von Börne's Freundin, Frau
Wohl, welche von Heine in unverantwortlicher Weiſe ver-
dächtigt war; ſchließlich kam es bekanntlich zum Duell mit
Straus.

Heinrich Laube, dem die Denkſchrift „Heinrich Heine
über Ludwig Börne" gewidmet war, billigte ſie keineswegs.
Wie er ſelbſt (Gartenlaube 1868, S. 25 f.) erzählt,
ſchloß er nach tagelangen Debatten: „Nun denn, wenn
Du alſo dem Gelüſte abſolut nicht entſagen kannſt, dann
adle es wenigſtens durch eine Zuthat, welche über Börne
hinaus ragt!" — „Wie das?" — „Setze mitten in dieſe
Invectiven hinein einen Berg, welcher Deine höheren und
weiteren Anſchauungen der Welt erhebend darſtellt. Sein
Inhalt wird den Leſern die Ueberzeugung einflößen, die
Polemik vor und hinter dieſem Berge ſei eine leichte
Zuthat, welche erklärt und entſchuldigt werde durch Dein
perſönliches Bedürfniß, hiſtoriſch vollſtändig zu ſein, hiſtoriſch
aufzuräumen." — „Mit dem ‚Berge‘ haſt Du Recht," gab
Heine zu. „Ich werde ihn errichten." — So wurde der
„Berg" zum geflügelten Wort zwiſchen den Freunden,
Tag um Tag kam aus Heine's Mund: „Der Berg iſt an-
gefangen! Der Berg wächſt, der Berg erhebt ſich!" —
Freilich erklärt ſich Laube für enttäuſcht, da er als „Berg"
nichts weiter fand, als die eingeſchobenen Freiheitshymnen
aus Helgoland.

2*

So werden auch die Anspielungen des folgender Briefes verständlich.

Paris, den 6. October 1840.

Liebster Laube!

Es sind jetzt 4 Wochen, daß ich Ihnen von Saint=Lo au schrieb, und erst gestern Abend erhielt ich Antwort; ich eile Ihne darauf zu erwiedern. — Der vorgeschlagene Feldzugplan gegen de Lump Gutzkow war gut im Momente, wo ich Ihnen schrieb — jetzt, wo denken Sie hin! jetzt ist alle Welt, sogar die elegante gegen mich gewonnen; Sie haben keinen Begriff davon, wie gu gegen mich manövrirt wird, wie Juden und Patrioten gegen mic vereinigt, wie die großen Freyheitshelden über mein armes Buc loseifern, trotz dem großen Berg, den ich darin aufgebaut — aber die Blindheit ist hier für den Augenblick eine Thatsache, gege die ich nichts vermag, und die nur mit der Zeit schwindet, un ich hoffe in kurzer Zeit; denn nur eine geringe Weile lang kan Gutzkow die Revoluzionäre Parthey betrügen und die Maske fäll in demselben Momente, wo ich hingegen aufs unumwundenste fü die große Sache auftreten muß — die Zeitereignisse verlange entschiedene Handlungen ... Einen momentanen Triumph wi ich den Leuten gönnen, und es wäre Thorheit, eine Polemik an zufangen in einer isolirten Lage, wo ich die öffentliche Meinun gegen mich habe und kein einziges wichtige anerkannte Organ be schmählichsten Artikelfabrik entgegen zu setzen habe. — Als ich sa daß ich nicht einmal die Elegante benutzen konnte, vertagte ich di Fußtritte, die ich dem Lump Gutzkow mehr im Interesse der ganze Schriftstellerwelt, als in meinem eignen Interesse geben wollte. — Ich will die ungünstige Witterung ein bischen vorübergehn lassen es ist der Rath der klügsten Köpfe, und ich wundere mich, daß Sie als Sie nicht gleich mir zu helfen wußten, nicht dasselbe denken un jetzt glauben, die Polemik könne vortrefflich losgehen — in der Rosen! Ich kenne diese Rosen nicht, aber ich weiß, daß dies nich das geeignete Blatt — Sie warfen mir vor, ich sey Schuld, daf

Ihr Journal nicht ins Leben trat — ehrlich gestanden, auch ein solches neue Journal wäre nicht im Stande gewesen, mich in diesem Augenblick zu decken, um so weniger, da es gewiß seiner Tendenz wegen den Radikalismus noch mehr gegen mich aufwiegeln würde. Da ich noch nie gegen Gußkow geschrieben habe, so giebt mir das gänzliche Schweigen noch immer einen großen Vortheil und ich kann mich sehr gut in eine göthesche Vornehmheit hüllen: Ich weiß sogar, daß er über Letzteres am giftigsten, daß er mich eben zum Sprechen zwingen wollte — Campe nergelte ihn immer mit der Versicherung, daß ich nur ihm, dem Verleger, öffentlich geantwortet, sonst aber nie einem Schriftsteller. Sie haben keinen Begriff davon, wie ihn mein Schweigen pikirt, und dies ist wohl mit ein Grund seiner vielen frechen Lügen und Verfälschungen der Thatsachen, die ich be= richtigen soll. Er mag sich trösten, ich werde ihm einst antworten, aber zur rechten Zeit. Hilft nichts diese Verzögerung, irre: ich mich in meiner Erwartung, daß diesem Heuchler die revoluzionäre Maske bald abgerissen wird, so antworte ich ihm mit wenigen Zeilen, die ihm jedoch nicht munden werden, denn in Folge derselben muß er sich mit einer Waffe schlagen, wobey kein Lügen und Intriguiren hülft — ich treibs nemlich zum Duel, wie ich Ihnen schon in Paris gesagt habe. Ich muß es aber geschickt anfangen, daß ihm dann keine Alternative bleibt als zwischen der Pistole und der Ehr= losigkeit und daß man nicht glaube, die Triebfeder meiner Handlung seien gereizte Eitelkeit. Seyn Sie nur ruhig, der hat kein Pardon, sondern nur Frist.

Wenn Sie daher, fußend auf den Plan, den ich vor 4 Wochen andeutete, in den Rosen eine Polemik eingeleitet, so leiten Sie sie wieder aus und thun Sie alles mögliche, daß ich die Posizion, die ich jetzt genommen, nicht einbüße. Das Publikum muß indirekt meine polemischen Mittel insinuirt bekommen, und wenn ein Privat= brief, der geschrieben ward, ehe ich von Gußkows Vorrede zum Börne etwas wußte, in einem Aufsatze zu meinen Gunsten abgedruckt steht, so kann Gußkow sich doch noch keiner Antwort rühmen. Besser freylich, wenn es nicht geschehen, es unterbleibe. Sollte es aber g schehen seyn und Gutzkow antwortet, so muß ihm durchaus dur einen dritten geantwortet werden, und zur Verfügung dieses dritte stelle ich einige Briefe von Campe, die ich Ihnen dieser Tage z schicke, und wo Campe mir sagt, daß Gutzkow Himmel und Höll in Bewegung setze, um mein Manuscript in Händen zu bekomme daß er alle mögliche List dazu aufbietet, daß er dieses Intrigante wegen das Buch so schnell als möglich drucke, daß er deßhalb be ersten besten Titel dafür ersonnen, daß der Intrigant ganz besond Absichten, weßhalb er in einem Buche die Geliebte Börnes in be Himmel hebe, wovon er im mündlichen Gespräche nur schnödes z erzählen wisse, daß in dieser Beziehung eine Lüge zwischen be was er denkt und was er schreibt — und bergl. mehr, was mit Rec gedruckt werden darf, wenn Gutzkow das, was ich in einem zufälli gedruckten Privatbriefe sagte, als Lüge erklärte. So viel zu meine Deckung für schlimme Fälle.

Anbey schicke ich Ihnen einen Zettel von Campe an seine Commissionär, der Ihnen 12 Exemplare des Börne und 12 Ex emplare des 4. Salontheils geben wird; ich bitte Sie, mir durc Brockhaus, wenn diese Gelegenheit schnell genug geht, 6 Exemplar von dem Börne und 6 Exemplare des Salons hierherzuschicken un die übrigen Exemplare zu meinem Besten, für Freunde, die etw drüber Artikel machen wollen, zu verwenden. — Anbey schicke ic Ihnen ebenfalls einen Artikel, welchen mir ein Freund, der Professo Duisberg, so eben zuschickt, mit dem Wunsche, denselben nac Belieben in irgend einer deutschen Zeitung abzudrucken. Ich hab ihn kaum, aber er ist immer ein günstiger Aufsatz und ich bitte Si sehen Sie zu, ob Brockhaus denselben in der Leipziger Allgemeine Zeitung oder in den Blättern für literarische Unterhaltung ab drucken und zwar schnell abbrucken will. Ist er aber nicht dazu z bewegen, so suchen Sie ihn irgend anderswo unterzubringen, w er gelesen wird. — Daß Kühne von Leipzig abwesend, ist ein Unglü aber sorgen Sie nur, seine Rückkehr für mich zu benutzen. Weil hatte für die Elegante, gleich beim Erscheinen meines Buchs, unaufgefordert einen Artikel geschrieben und abgeschickt, den ich nicht gelesen, der mir aber im rechten Augenblick sehr genützt hatte. Der J. Kaufman nuß ja ein dummes Vieh seyn! — Den Schluß Ihrer Literaturgeschichte habe ich bey meiner Rückkehr vorgefunden. Der Lump Hang versprach zu mir zu kommen, und endlich mit ihm die hallergerschen Interessen zu ordnen — kam aber nicht, troß der Rendezvous — Sie haben keinen Begriff davon, wie diese Verdrießlichkeiten nich mißstimmen, und nur das Bewußtsein, nichts verabsäumt zu haben, tröstet mich. Ich schreibe im nächsten Brief mehr darüber, s fehlt mir die Zeit. Auch über Ihr Buch kann ich mich nicht exectoriren, das läßt sich nicht mit wenigen Zeilen abthun. Sie werden aber meinen Aufsatz lesen und Gottlob! ich kann Ihnen ffentlich sagen, was ich denke. Die 2 letzten Bände, der 3. und 4., ind vortrefflich, tausendmal besser als die ersten. Ich kenne das etzige Deutschland nicht, und kann nicht beurtheilen, in wie weit ie Form zweckmäßig. Wir besitzen aber kein Buch, das umfassend ie Literatur bespricht. Ich will heut nur sagen, daß das Buch, velches man zu verschreyen sucht, am wenigsten den Tadel verdient, en man dagegen ausläßt. Ich table ganz andere Dinge, z. B. es t kein Berg drin. Ein Berg ist aber nothwendig, das sehen Sie an meinem Börne, der allgemein anspricht. Spaß bey Seite, ein Börne ist ein sehr gutes Buch — ich habe gestern Abend 2/3 es Gußkowschen Börne gelesen — Gott weiß, es übte auf mein Gehirn wie ein narkotischer Trank. Ich schlief vortrefflich die anze Nacht. Es ist langweilig über alle Maßen. Grüßen Sie lir die Frau Doktorin, der ich mich unterthänigst zu Füßen lege. Reine Frau ist in der Küche beschäftigt und ich rieche den vortrefflichsten Braten.

Ihr Freund

H. Heine.

Monsieur · ·

Docteur Heinrich Laube,
homme de lettres,
Leipzig (Saxe).

So offenkundig Heine's bedenkliche Schwächen und Fehler sind, die Parteimänner seiner Tage, besonders von links, haben mit Unrecht seiner Charakterlosigkeit zuge=rechnet, daß er nicht zur Partei hielt. Einmal gingen seine Anschauungen vielfach über den Parteiliberalismus hinaus, andererseits war er Dichter und als solcher ohne Verständniß und Sympathie für den politischen Tages=kampf, namentlich wenn dieser die Poesie seinen Tendenzen dienstbar zu machen strebte: die Kunst für die Kunst! forderte Heine mit Recht.

Die „Rosen, eine Zeitschrift für die gebildete Welt," gab Robert Heller in Leipzig seit 1838 heraus. — Alexander Weill war in Paris, J. Kaufman in Leipzig als Journalist thätig. — Laube's „Geschichte der deutschen Literatur" entstand während der Muskauer Haft und erschien in vier Bänden 1840. —

Laube übernahm um die Wende der Jahre 1842 und 43 von neuem die Leitung der „Zeitung für die elegante Welt". Unter Ausdruck seiner lebhaften Freude über dieses Ereigniß verspricht Heine bereits am 7. No=vember 1842 als Beitrag für das Blatt ein humoristisches Epos, „Atta Troll". Ursprünglich (17. October 1842) hatte es der Dichter dem Stuttgarter Verleger Cotta für das „Morgenblatt" in Aussicht gestellt, bot es aber nun der Zeitschrift des Freundes an, falls deren Verleger, Voß in Leipzig, das gleiche Honorar von 10 Louisdor für den Druckbogen zahlen wolle. Der sich alsbald über „Atta Troll" entspinnende Briefwechsel führt uns lebendig in

ie Entstehungsgeschichte des Gedichtes ein und giebt
manchen beachtenswerthen Beitrag zur Beurtheilung des
Textes.

Paris, den 20. November 1842.

Liebster Laube!

Ihren Brief vom 12. November habe ich erhalten, und ich eile,
Ihnen ungefähr die erste Hälfte des Gedichtes zu schicken; in etwa
drey Tagen schicke ich Ihnen die andere Hälfte, die etwa zwey
Blätter stärker, aber ich schicke sie ebenfalls per Briefpost, da die
Portodifferenz nicht so ungeheuer seyn mag und jedenfalls von der
größeren Sicherheit der Beförderung aufgewogen wird. Dadurch
gelangen Sie auch gleich zur Gesammtkenntniß des Gedichtes. Sie
werden sehen, die zweite Sendung ist unendlich schöner und wichtiger,
ebenfalls poetischer als die heutige. Ich habe in dieser zweiten
Hälfte versucht, die alte Romantik, die man jetzt mit Knüppeln tobt=
schlagen will, wieder geltend zu machen, aber nicht in der weichen
Tonart der frühern Schule, sondern in der kecksten Weise des
modernen Humors, der alle Elemente der Vergangenheit in sich
aufnehmen kann und aufnehmen soll. Aber das romantische
Element ist vielleicht unserer Gegenwart allzusehr verhaßt, es ist
untergegangen bereits in unserer Literatur, und vielleicht in dem
Gedichte, das ich Ihnen jetzt schicke, nimmt die Muse der Romantik
auf immer Abschied von dem alten Deutschland!

Wie ich mich bei Cotta diskulpire, sage ich Ihnen später. —
Auf Herrn Voß werde ich das ungefähre Honorar des Atta Troll
cassiren, sobald ich das Gedicht Ihnen ganz zugeschickt. In Betreff
einer Besorgniß, daß ich das Gedicht nicht als Buch vor Mitte
es nächsten Sommers drucken lasse, können Sie ihn beruhigen. Bis
jetzt kam mir nichts anders in den Sinn als den Atta Troll
meiner Gedichtsammlung einzuverleiben, die bereits seit Jahr und
Tag angekündigt ist und gewiß nicht sobald kommen wird, da das
Manuscript noch nicht abgeschrieben, was bey mir die Hauptsache.

Ich habe einen wahrhaften Ekel vor solcher Arbeit, da mir Campe den ganzen Spaß verleidet — seitdem er einem Wihl, einem Gutzkow meine Manuscripte in Hände gegeben. Letzterer oder ersterer müssen sich sogar materiell an dem Manuscript meiner Gedichte dergestalt vergriffen haben, daß mir vieles drin fehlt — — und ich das durchsäuete und beschmutzte Manuscript wieder ganz neu abschreiben muß. Diese Bewandtniß hat es mit meiner Gedichtesammlung!

Seuffert wird in 8 Tagen Ihnen eine Paralele zwischen der Rachel und der Dorval zusenden. Außer Seuffert ist hier nur Duisberg fähig, über Paris mit Sachkenntniß und in gutem Deutsch zu schreiben. Dieser würde die Uebersichtsberichte am besten machen. Ich habe bereits mit ihm in dieser Beziehung gesprochen. — In meinem nächsten Briefe mehr hierüber. Heiter grüßend

Ihr Freund
H. Heine.

Apropos: das erste und zweite Capitel des Troll müssen durch= aus zusammengedruckt werden, in derselben Nummer der Eleganten.

*　　*　　*

Den 3. December [1842.]

Liebster Laube!

In diesem Augenblick erhalte ich Ihren Brief. Ich ermesse ganz die Wichtigkeit Ihrer Bemerkung. Statt der mißfälligen Cancan=Strophe setzen Sie gefälligst folgende:

Ja, ich möchte schier behaupten,
Daß sie manchmal sehr bedenklich,
Mit gemüthlos frechen Sprüngen,
An die Grand'=Chaumière erinnre.

Der Schluß des zweiten Capitels kann ganz wegfallen und Ihr gewünschtes Einschiebsel mag hier als Ersatz dienen. Nemlich nach den Worten

In Gesellschaft des Laskaro,
Der den Atta Troll getötet —

fällt alles weg, die sämmtlichen Strophen bis am Ende, und
statt derselben setzen Sie gefälligst die folgenden, die ich in diesem
Augenblick gedichtet, während meine Frau neben mir in der Bade=
wanne sitzt:

Dir, Varnhagen, sey gewidmet
Dies Gedicht. Dem milden Freunde
Möge es als Antwort dienen
Auf den jüngsten seiner Briefe.

Ach! es ist vielleicht das letzte
Freye Waldlied der Romantik —
In des Tages Brand= und Schlachtlerm
Wird es kümmerlich verhallen!

Andre Zeiten, andre Vögel!
Andre Vögel, andre Lieder!
Wie sie schnattern! Jene Gänse,
Die gemästet mit Tendenzen!

Auf der Zinne der Parthey
Flattern sie mit lahmen Schwingen.
Platte Füße, heis're Kehlen,
Viel Geschrey und wenig Wolle.

Manche weißgefärbte Raben
Sind darunter. Diese krächzen
Spät und früh: die Gallier kommen!
Sind des Capitoles Retter.

Andre Vögel, andre Lieder!
Gestern las ich in der Zeitung,
Daß der Tieck vom Schlag gerührt
Und geheimer Hofrath worden.

Ich sehe wohl, liebster Laube, daß Sie mich in's Unglück bringen wollen. Jetzt wird der ganze Landsturm des Patriotismus über mich herfallen. Ueber meine Frivolität wird ja nur deßhalb geklagt, weil ich nicht zu der Parthey gehöre. Früher durfte ich deßhalb alles nakt sagen, was ich nur wollte. — Seuffert schickt einen guten Artikel den 15. — Ich habe keine Zeit, Ihren Brief ordentlich zu lesen; auf Voß habe ich längst traffirt, wie Ihnen gemeldet und wie Sie es haben wollten. Es liegt mir den Teufel daran, ob ich die paar Groschen früher oder später traffirte, und ich that es zunächst, weil ich eben in diesem Augenblick nichts auf Cotta abgeben wollte. Ich hoffe aber, meine Tratte ist richtig eingelößt worden. Ich arbeite angestrengt; muß noch vor Ende des Jahres einige Artikel nach Augsburg schicken. Gutzkow wird hier schön geprickelt; je n'y ai pas nui. — Leben Sie wohl; nach einigen Tagen schreibe ich Ihnen über die andern gewünschten Veränderungen

Ihr

H. Heine.

Monsieur
le Docteur Henri Laube
aux soins de Mr. L. Voss, Libraire,
Leipzig.

*   *   *

Paris, den 19. Dezember 1842.

Liebster Laube!

Ich habe bis heut mit Schreiben gezögert, weil ich eines Theils erwartete, ob Sie mir etwa über die zweite Sendung meines Gedichts irgend eine Aussetzung machen würden, die ich zu gleicher Zeit berichtigen könnte; andern Theils wartete ich, um den versprochenen Aufsatz von Seuffert mitzuschicken, den ich aber bis heute vergebens erwartete, was freylich nicht die Schuld Seufferts, da derselbe in diesem Augenblick ein Geschwür an der Hand hat, das ihn am Schreiben hindert. Heute schicke ich Ihnen das Manuscript, das meinem Gedichte zwischen dem 17. und 18. Capitel zu inter-

caliren ist. Ein Theil des früheren 18. Capitels wird hier, wie
Sie dem Setzer genau begreiflich machen werden, wegfallen. Ich
habe zu dieser Umänbrung meine Zuflucht genommen, da ich leider
eine Parthie des Gedichtes, bie der artistischen Rünbung wegen
ganz wesentlich, jetzt nicht machen kann und Ihnen boch ein noth=
bürftig geründetes Ganze geben wollte. Der Knoten bes Ganzen fehlt
— das Publikum wird es aber nicht bemerken. Dieses sieht immer
nur auf Einzelheiten. Wie richtig sagt Goethe:

Gebt Ihr ein Stück, so gebt es gleich in Stücken!

Ist im letzten Capitel, in den Versen:

Spielte bort ein unzweibeutges
Liebesspiel mit einer Bärin —

Ist Ihnen hier das Wort unzweibeutges etwa zu stark,
so mögen Sie es immerhin durch bie:

Spielte bort ein überzartes —

ersetzen. Die inculpirte Stelle im Caput IV:

Trauet nur keinem
Menschen, welcher Hosen trägt

kann ich, im Fall es durchaus nothwendig, nicht anders umänbern,
als baß ich die ganze Strophe durch folgende schwächere Verse ersetze:

Kinder, hütet Euch vor jenen
Unbehaarten Lügenbälgen,
Jenen gleisnerischen Menschen,
Die ein Auswurf der Vipeben.

Die Verse im Caput VI:

Kinder, noch ein Weilchen bleib ich
Unter Euch und bann verschwind ich —

mögen Sie immerhin ersetzen durch:

Kinder, meine Erbenwallfahrt
Ist vollbracht, wir müssen scheiden.

Die Strophe im Caput X, wo Ihnen die Verse:

> dieser plumpen
> Und zugleich perfiden Bestien —

mißfielen, erſetzen Sie gefälligſt durch folgende Strophe:

> Doch mit ſchlecht geleckten Tölpeln
> Täglich mich herum zu balgen,
> In der Heimath Eichenwäldern,
> Ward ich endlich überdrüſſig.

Sie haben mir nicht beſtimmt geantwortet in Beziehung auf den Profeſſor Duisberg. Wie können Sie glauben, daß ich Ihnen Mitarbeiter empfehlen würde, wenn ich nicht überzeugt von deren Werth für Ihr Journal. Ich wiederhole Ihnen nochmals, daß Duisberg hier der einzige iſt, welcher gutgeſchriebene und zuverläſſig gedachte Ueberſichten aus Paris geben kann. Daß Sie den Mr. Weillſchen Miſt aus der Eleganten (Weill und Elegant!) heraus= fegen werden, haben Sie mir, glaub ich, bereits geſagt. Wenn ich ſelber Ihnen für die nächſten Monathe nichts beſtimmtes ver= ſpreche, ſo geſchieht es, um ſicher zu ſeyn, daß ich Ihnen immer Wort halte. Einige Gedichte hab ich geſchrieben, die ich Ihnen ge= legentlich ſchicke. — Noch ein Wort; es liegt mir ſehr viel daran; Ich bitte Sie, die Nummern, worin mein Atta Troll abgedruckt iſt, jedes= mal unter Kreuzkouvert an den Herrn Carl Heine, per Adreſſe des Herrn Salomon Heine in Hamburg zu ſchicken. Auch mir wollen Sie gefälligſt die Abbrücke unter Kreuzkouvert jedesmal nach Paris zuſchicken.

Der Scandal, den Gutzkow hier angerichtet, um die Aufmerk= ſamkeit zu erſtacheln, iſt widerwärtig über alle Beſchreibung. Sein Talent der Intrigue bewährt ſich aufs glänzendſte. Denken Sie ſich, Cotta fürchtet ihn ſo ſehr, daß die Allgemeine Zeitung nicht ein= mal die Entgegnung auf ſeine Unverſchämtheiten gegen die Pariſer Correſpondenten aufnehmen will. Sagen Sie mir, ob die Elegante ihn beſprechen wird oder noch wartet mit dem Anfang der Feind=

ſeligkeiten. Dieſe werden früh oder ſpät eintreten und Sie können ſich auf offenen Krieg gefaßt machen. Im Augenblick, bin ich über= zeugt, läßt er Sie ſchon ausſpioniren und kajolirt Sie vielleicht.

Ihr Freund

Monsieur   H. Heine.
le Docteur Henri Laube
aux soins de Mr. L. Voss, libraire.
Leipzig.

* * *

Liebſter Laube!

Anbey 1. das Schlußkapitel des Atta Troll, welches die Widmung an Varnhagen enthält; aber ich bitte, ändern Sie nichts dran: wegen Herweghs Mißgeſchick habe ich nicht mehr „Zinne der Parthey" ſagen dürfen. Zweitens erhalten Sie eine Reklamazion, die ich in einem Auszug aus einem Briefe an Sie gekleidet, indem ich wünſche, daß Sie ob der Frechheit, womit man auf mein Schweigen immer rechnete, einige tüchtige Worte ſagen. Kaum man durch Lügen meinem perſönlichen Leumund keinen Flecken an= corresponbiren, wie in der miſerablen Straußiſchen Complottirung, ſo möchte man wenigſtens meiner ſchriftſtelleriſchen Reputazion etwas anhängen, und die ſchlechten Gedichte im Muſenalmanach müſſen dazu dienen. Ach, Liebſter, die Götheſche Zeit des Schweigens iſt vorbey. Vergeſſen Sie nur nicht die Exemplare unter Kreuzcouvert nach Hamburg und hierher. Ich ſehe hier keine deutſchen belletriſtiſchen Zeitſchriften (doch die Elegante wird bald hier gehalten werden). Müſſen mir alſo treulich mittheilen, wenn etwas geklatſcht wird, das mich intereſſirt.

Herrn Voß werde ich, wie ich Ihnen bereits geſagt, ſogleich ſchreiben, wenn ich mahl das ganze Gedicht vor Augen habe. Jetzt habe ich nichts mehr in Bezug auf daſſelbe Ihnen zu ſchicken, Alles iſt in Ordnung, und ich hoffe, daß der Abdruck nicht zu lang ſich hinträbelt. — Leben Sie wohl, und grüßen mir Ihre Frau. Wir

befinden uns wohl. Hier habe ich einige mahl unseres jungen Deutschlands Buchhändler, den Löwenthal, gesehen; er will vieles, weiß aber nicht, was er will.   Ihr Freund
Paris, den 24. Januar 43.   H. Heine.

*   *   *

Paris, den 11. Februar 1843.

Liebster Laube!

Dies sind die ersten Zeilen, die ich seit 14 Tagen schreibe; mein Augen=Uebel hat sich nämlich wieder eingestellt. Erst heute geht es mir etwas besser. — Ihren Brief vom 1. Februar habe ich gestern erhalten und ich eile, das Nothwendigste drauf zu antworten:

Mit den Interpolazionen und Einschiebseln hat es ganz seine Richtigkeit, Sie irren sich weder in der Reihenfolge der Capitel noch in den Aenderungen. Der Vers:

Als ich saß beim todten Bären
In dem Thale Ronceval —

muß, wie sich von selbst versteht, verändert werden, und ich bitte Sie, die ganze Strophe durch folgende zu ersetzen:

Ja, Hut=Hut, der alte Vogel
War es, der mir freundlich nahte,
Im verhexten Luftreviere,
In der Hütte der Urafa.

Ich hätte hier einen argen Bock geschossen. Auch die Strophen können Sie auslassen, welche Ihnen am Schlusse so sehr mißfallen, und das Kapitel schließt dann mit den Worten:

— die Balkaisa
Wird noch lang vergebens rathen,
Wer der größte Lump in Deutschland.

Im letzten Capitel, in der Zueignung an Varnhagen, stehen die Worte: „Auf den Zinnen Deutschlands" — ich bitte Sie, setzen

Sie statt deſſen: „auf den Wällen Deutſchlands.‟ Sie haben
gut reden, der Mangel an Zuſammenhang im Gedichte, das Zer=
ſtückte, iſt eine Folge der urſprünglichen Beſchränkung: hätte ich
nicht von vornherein die Abſicht gehabt, das Gedicht in einem
ahmen Journal abdrucken zu laſſen, wäre die Perſiflage der Zeitideen
prägnanter hervorgetreten. Jetzt fühle ich das Bedürfniß, dieſem
Mangel in einem ſpäteren Buchdruck abzuhelfen, und da bietet ſich
mir faſt für 200 Strophen der köſtlichſte Stoff. Wie weit ich dieſen
Vorrath nachträglich bearbeite und überhaupt den Atta Troll durch
intereſſante Zuthat als Buch von honettem Volumen erſcheinen laſſe,
kann ich Ihnen erſt ſpäter ſagen, und das iſt der Grund, warum
ich auch Herrn Voß erſt in einigen Monathen antworten kann; ſeinen
Antrag habe ich mir ernſthaft zu Gemüthe genommen. Wenn das
Ganze ſo fertig wird, wie es in meinem Geiſte ſteht, ſollen Sie
nicht über Rundung und Mittelpunkt zu klagen haben. — Ich
hatte Sie erſucht, die Nummern des Atta Troll jedesmal nach
dem Druck, unter Kreuzkouvert, mit der Poſt hierher zu
ſchicken. Das koſtet Ihnen jedesmal ein paar Silbergroſchen und
mir hier nur einen Sous oder zwey. Statt deſſen erhielt ich vor
10 Tagen ein Paquet in Wachsleinen durch die Meſſagerie, worin
— die zwey erſten Nummern der Eleganten enthalten. Das Porto
koſtete mir 5 Franks und 15 Sous. Das iſt Alles, was ich von
der Buchhandlung erhalten. Ich bitte Sie daher, mir umgehend die
bereits erſchienenen Nummern der Eleganten (ſo wie auch die erſten
zwey, die ich weggegeben) unter Kreuzkouvert mit der Poſt zu
ſchicken. Unverzüglich. Ich bitte Sie, vergeſſen Sie es nicht. Ich
hab ſie eben jetzt zur Ueberſicht nöthig. Auch meine Hausnummer
hatte die Buchhandlung unrichtig bemerkt: ſie iſt 46 Faubourg
Poiſſonnière. Ich bin heute zu blind, um über die Typographen
meines Gedichtes in der 2ten Nummer der Eleganten mich zu ex=
pektoriren. Ich werde es Ihnen aber nicht erſparen. Ich beruhige
mich nur noch durch den Gedanken, daß Sie eben in einer Probe=
nummer ſo viel als möglich hineinpreſſen mußten. Sonſt wäre

dieſer Druck unverantwortlich. Ich komme darauf zurück. — Ich
ſchreibe heute ſchon mehr als meine Augen erlauben.

Heiter und ergeben   Ihr Freund
                                      H. Heine.

Wenn Kreuzkouvert (frankirt) geſtattet iſt, ſo wäre dies das
beſte: das Porto würde vom Honorar abgezogen.

Monsieur
le Docteur Henri Laube,
aux soins do Mr. Voss, Libraire.
          Leipzig.

Die hier gebotenen Varianten verdanken ihre Ent=
ſtehung meiſt der Rückſicht auf die Cenſur; doch auch da=
von abgeſehen, arbeitete Heine gern an ſeinen Verſen
herum. Cenſor in Leipzig war der Hiſtoriker Wachsmuth.
Laube berichtet über dieſen Vorgang (Gartenlaube 1868,
S. 26): „Wachsmuth kennend und die Linie kennend,
welche er einhalten mußte, ſchrieb ich immer Heine ſogleich
nach Empfang eines neuen Heftes: dies und dies wird
geſtrichen werden, ſorge für Erſatz! — Und in kürzeſter
Friſt erhielt ich einen neuen Text. Manchmal hatte ich
Wachsmuth's niederdeutſchen Charakter, der mitunter ſtark
humoriſtiſche Accente vertrug, irrthümlich unterſchätzt, und
die Heine'ſche Variante iſt ungedruckt in meinen Händen
geblieben.“

Zum Vortheil des Gedichtes konnte ſo gleich auf die
beiden erſten Aenderungen verzichtet werden: die Ab=
ſchwächung der Cancanſtrophe im erſten Capitel wie die
Streichung der drei letzten Strophen des zweiten Capitels,
welche leider aus der urſprünglichen Faſſung der „Eleganten

Welt" nicht in die Buchausgabe übergingen, ist vermieden; die Ersatzstrophen traten deshalb mit Variation an das Ende des Gedichtes in ein besonderes Widmungskapitel, wohin sie auch am besten passen. — Mit Rücksicht auf Herwegh's Verbannung aus Preußen tritt für „Zinne der Partei" zunächst am 24. Januar 1843 „Zinnen Deutschlands", schließlich am 11. Februar noch unverfänglicher „Wällen Deutschlands", — da ja Herwegh es gewesen, welcher Freiligrath's ursprüngliche Mahnung:

> „Der Dichter steht auf einer höhern Warte,
> Als auf den Zinnen der Partei"

von sich zurückgewiesen hatte:

> „Ich hab' gewählt, ich habe mich entschieden,
> Und meinen Lorbeer flechte die Partei."

Da „Atta Troll" gerade gegen die deutschen Tendenzdichter gerichtet ist, verkleistert die Aenderung in nicht eben dankenswerther Weise den direkten Angriff gegen das nun einmal gegebene Schlagwort der Zeit. — Vorziehen möchten wir auch die, auf Grund einer eigenhändigen Correctur in der Briefhandschrift, hier gebotene Construction, „platte Füße, heis're Kehlen" als Ausruf zu „Viel Geschrei und wenig Wolle" zu stellen, statt es, wie die Drucke, im Dativ auf „flattern sie mit . . ." zu beziehen. — Unausgeführt blieb schließlich glücklicherweise die am 19. Dezember 1842, „im Fall es durchaus nothwendig", zugestandene Abschwächung, so daß die Warnung des Bären vor den behosten Wesen in Druck kam.

Entschieden zum Vortheil gereicht dem „Atta Troll" die sich daran schließende, von Laube gewünschte Ersetzung der zwei niedrig prosaisch anmuthenden Verse, in welchen der Held auf sein Scheiden vorbereitet, durch zwei pomphaftere. — Auch darin hat Laube dem Freund wohl zum Guten gerathen, daß er nach einer Milderung der „perfiden Bestien" (s. denselben Brief) verlangte, sowie daß er (s. den Brief vom 11. Februar 1843) einen gelegentlichen Irrthum des Dichters und besonders die persönlichen Invectiven ausmerzen ließ, durch welche Heine den Wettstreit um den Lumpenlorbeer illustrirte; so wurde nur das Gerippe dieser Strophen unter Auslassung der Namen gedruckt. Im übrigen möchten die hier gebotenen Fassungen: „in der Heimat Eichenwäldern" und „wer der größte Lump in Deutschland" den gedruckten: „in der treuen Heimat, dessen . . ." und „wem der Lumpen=Lorbeer ziemt" vorzuziehen sein. — Ganz zweifellos wird man jedenfalls die am Anfang des Briefes vom 19. Dezember 1842 concedirte, aber keineswegs gewünschte, farblose Abschwächung: „überzartes Liebesspiel" zu Gunsten des vom Dichter eigentlich gewollten, bezeichnenden: „unzweideutges Liebesspiel" zurückstellen dürfen.

Die geplante Erweiterung des „Atta Troll" ist für die Buchausgabe thatsächlich vor sich gegangen.

Gutzkow fand auf Empfehlung seiner Hamburger Freundin Therese von Bacharacht Eingang in die ersten Pariser Kreise (s. seine „Briefe aus Paris").

Die Reclamation, deren der Brief vom 24. Januar

1843 als einer Beilage Erwähnung thut, richtet sich gegen
den Mißbrauch, welchen Heine's Jugendfreund Friedrich
Steinmann mit des Dichters Briefen und Versen trieb.
Laube ließ diese Verwahrung sofort in der „Zeitung für
die elegante Welt" vom 8. Februar desselben Jahres ab=
drucken (s. Heine's Gesammelte Werke, herausgegeben von
Karpeles, Band IX, S. 271 f.).

Löwenthal ist jener junge Mannheimer Verleger, der
sein Geschäft ausdrücklich mit einer Aufforderung an die
„Schriftsteller des Jungen Deutschland", sich ihm zu
nähern, eröffnet hatte, sich auch in der Folge für diese
Gruppe stark engagirte und namentlich den bedenklichsten
Stein des Anstoßes, Gutzkow's „Wally" verlegte; sein
Verlag wurde deshalb durch den Bundestagsbeschluß gegen
das Junge Deutschland mitgeächtet.

Der am Schluß des letzten Briefes laut werdende
Unmuth über die Druckart des „Atta Troll" ist vermuth=
lich mit dem Verdruß identisch, dessen der Beginn des
folgenden Schreibens gedenkt. Im übrigen führt uns
dieses auf rein persönliches Gebiet und gewährt uns einen
recht unerquicklichen Blick in Heine's Charakter.

Paris, den 1. Februar 1845.

Mein theurer Freund!

Ich hätte Ihnen längst geschrieben, längst ist die Lumperey
vergessen, die mich verdrießlich berührte, Sie haben mir unterdessen
Ihre Liebe bewährt, aber ich leide so sehr an meinen Augen, daß
mir jeder Brief eine saure Anstrengung. Bin halb blind, traurig
und ein Unglück nach dem andern bricht auf mich herein. Das

betrübsamste ist der Tod meines Oheims; wir hatten uns beide sehr geliebt, ich konnte die brillianteste Zukunft von ihm erwarten, und siehe! vor seinem Tode läßt er sich irre leiten bey letztwilligen Bestimmungen. Jetzt muß ich meiner Familie etwas durch die Presse Angst einflößen, um wenigstens meine Pension zu sichern, die man aus Tücke in Frage stellen will. Sie sehen, ich vertraue Ihnen meine geheimsten Gedanken, wo meine Existenz von abhängt. Strenge Verschwiegenheit und Hülfe in der Noth. Wo Sie nur können, suchen Sie gegen meine Familie zu trommeln, besonders gegen den Handelsgerichtspräsidenten Adolf Halle, der Senator in Hamburg werden will und die Angriffe am wenigsten vertragen kann. Es wird eine unerhörte Niederträchtigkeit gegen mich ausgeübt.

Ich schicke Ihnen anbey zwey Artikel, die Sie von fremder Hand abschreiben lassen und in der brockhausischen Leipziger Zeitung sobald als möglich zu inseriren suchen müssen. Zerreißen Sie nur gleich meine Handschrift. No. I. ist ein Angriffartikel, suchen Sie etwas den Styl zu verändern im Anfang, damit man nicht auf mich rathe; der Schluß aber muß ganz so bleiben. Bitte, machen Sie nur, daß er unverzüglich abgedruckt wird.

No. II ist ein Vertheidigungsartikel, woran nichts zu verändern, ich habe ihn so perfid dumm als möglich geschrieben und so stylistisch schlecht, wie reiche Leute vertheidigt zu werden pflegen. Zögert etwa die Redaktion, diesen Artikel im Journal aufzunehmen, so lassen Sie ihn unverzüglich (ebenfalls in der Leipziger Zeitung von Brockhaus) als Inserat drucken (das ist noch perfider), und das ausgelegte Geld (sagen Sie mir nur gleich, wie viel) soll Ihnen getreu erstattet werden.

Sie sehen, ich habe von Gutzkow etwas gelernt, aber Gott weiß! ich übe die Kunst nur, wenn man mir meuchelmörderisch die Kehle zuschnüren will. Ob literarischer Unbill werde ich mir wahrlich nie solche Mühe geben.

Und nun leben Sie wohl, grüßen Sie mir herzlichst Ihre
Frau, von der wir hier noch oft sprechen. Sie hat bey meinen
Französinnen das graziöseste Andenken hinterlassen.
Diskrezion und schnelle Hülfe. Lassen die reichen Leute
wirklich gegen mich schreiben, so werden Sie mir Hülfsvölker.
Mr. Weill sagt mir, er habe an Kuranda einen Artikel geschickt.
Ist er zu grell, so mag Kuranda die Ausdrücke mildern, nur bei
Leibe kein verletzendes Wort gegen meinen Vetter Carl Heine, der
immer mein innigster Freund war, obgleich jetzt mein Gegner. Aber
drucken soll Kuranda den Artikel so schnell als möglich, und ich
bitte Sie, ihn, wenn er gedruckt, unter Kreuzkouvert an Carl Heine
nach Hamburg durch die Redakzion zuzuschicken. Können Sie
ähnliche Volksstimmen in der Weser Zeitung oder in der alten
Bremer Zeitung oder in berliner Vossische oder Spenersche Zeitung
hervorrufen, so geschieht mir dadurch großer Vorschub, denn diese
Blätter werden in Hamburg gelesen.

Schreiben Sie mir bald, und bleiben Sie treu gewogen
Ihrem Freund

Campe steht mir hülfreich bey.   H. Heine.
                                          46. Faubourg Poissonnière.
Monsieur
le Docteur Heinrich Laube,
aux soins de Mr. Voss, Libraire.
Leipzig.

*   *   *

No. I.   Hamburg, den 7. Februar.
Der Präses unseres Handelsgerichts, Herr Dr. Adolph Halle,
der durch das Vermächtniß seines hingeschiedenen Schwiegervaters
Salomon Heine zu großem Reichthum gelangt, hat jetzt auch das
prachtvolle neue Haus auf dem Jungfernsteg bezogen, das ihm
der Verstorbene mit beispiellosem Luxus meublirt hinterlassen hat,
und auf den seidenen Polstern erwartet der Glückliche dort die

reitenben Diener, die ihm seine endliche Bestallung als Senator überbringen werden. Wenn Verstandeseigenschaften allein zu dieser Würde berechtigen, wenn der Calkül eines merkantilischen Naturells hinreichend, so kann der hoch= und wohlweise Rath gewiß keine bessere Wahl treffen. Die berechnende Feinheit des Herrn Handelsgerichtspräsidenten bewährte sich jüngst ganz meister=haft in Bezug auf seinen Vetter Heinrich Heine, dessen Mißgeschick bey den letztwilligen Verfügungen seines Oheims hier allgemein bedauert wird. Ja, sogar die Gegner bedauern den leichtsinnigen Dichter, der in der Liebe und dem Worte eines todtkranken Greises eine hinlängliche Garantie zu haben vermeinte gegen abgefeimte Abbokatenkniffe, unterstützt von notariellem Hasse.

*   *   *

No. II.   Hamburg, den 6. Februar.

Ueber das Verhältniß, in welches sich der Dichter Heinrich Heine, durch seine eigene Schuld, zu seiner Familie gestellt hat, erlauben wir uns einige Worte. — Der verstorbene Banquier Salomon Heine war nicht bloß einer der reichsten, sondern auch gemüthvollsten und großartigsten Männer, der den Glanz seines Namens und deßhalb ganz besonders den Neffen liebte, dessen Berühmtheit ihm mehr Freude machte als sie wohl verdiente. Der Munifizenz des gene=rösen Oheims verdankte der Poet manche schöne Summe, und seit sechs Jahren bezog er eine bedeutende Jahresrente, die ihm von ersterem — es soll nicht in Abrede gestellt werden — lebensläng=lich zugesichert worden. Sterbend legte der Greis den Wohlstand des geliebten Neffen in die Hände seines einzigen Sohnes, den er zum Universalerben erkoren, und dem er nicht bloß kolossale irdische Schätze, sondern auch geistige, seine Tugend, hinterläßt. Diesen letzteren, der dazu immer der liebreichste und anhänglichste Freund seines Vetters gewesen, kann ebenso wenig wie den Vater der Ver=dacht treffen, den Dichter kränken gewollt zu haben, wenn auch ein offizielles Testament letzterem nur eine mäßige Summe zur unbe=

bingten und erzwingbaren Verfügung anweist. Es giebt excentrische Naturen, die lebenslang unter Vormundschaft, womöglich sogar unter noch engere Beaufsichtigung gesetzt werden sollten, und gegen deren Willkür eben so gut wie die Regierungen auch Privatpersonen sich sicher zu stellen suchen müssen. In dieser Hinsicht hat der ver= storbene Salomon Heine das wahre Beste seines Neffen ebenso sehr wie das der übrigen Familie berücksichtigt, und in den getroffenen Einrichtungen hat auch letztere keineswegs gesucht, eine bloße Waffe gegen einen ihrer nächsten Verwandten in die Hände zu bekommen. Wie durfte man — in einigen Zeitungen geschieht es — einen solchen Verdacht aussprechen, zumal hinweisend auf einen Mann, der, ein Muster von Sittenreinheit, seit 15 Jahren der Präses unseres Handelsgerichtes ist, durch seine Verdienste einer noch höheren Ehrenstellung entgegenstrebt, und wegen seines Scharfblickes, seiner Sinnigkeit, seines Edelmuthes und seiner Toleranz an den weisen Nathan von Lessing erinnert! Nein, die beschuldigte Familie hat sich bloß in den Stand setzen wollen, das schon an und für sich Unerlaubte, die öffentliche Besprechung von Familien = Angelegenheiten, zu verhindern, den bösen Dämon der Spottsucht zu zügeln, wo er sich an Privatverhältnissen wagt, die nimmermehr als Material zu literarischen Arbeiten miß= braucht werden dürfen, und ihr wahrhafter Zweck war: die Heiligkeit der unantastbaren Familienbande zu schützen. Niemand kann edler und zugleich für das häusliche Wohl vorsichtiger handeln. Wie viele Schriftsteller haben nicht schon bereut, daß sie es nicht (so!) für ein Lebensbedürfniß hielten, über ihre Privatverhältnisse öffent= lich zu sprechen. Liebevolle Arme haben sie von sich gewiesen, um alsdann im Alter einsam auf das glückliche Familienleben An= derer zu sehen. Nicht immer schüttet Fortuna ihr Füllhorn auf sandigen Boden; sie weiß oft, was sie thut, wenn auch Unzufrieden= heit sie sich mit einer Binde vor den Augen vorstellt.

Zur unbefangenen Würdigung dieser Schriftstücke müssen wir uns Heine's pecuniäre Lage sowie sein Verhält=

niß zum Oheim Salomon Heine in Hamburg und zu deſſen Familie vergegenwärtigen.

Heine's ſchriftſtelleriſche Thätigkeit warf meiſt kaum 3000 frs. im Jahr ab. Um ihn vor Sorgen und Lohn= ſchreiberei zu behüten, hatte ihm der mit Millionen ge= ſegnete Oheim anfangs 4000 frs., ſpäter 4800 frs. jähr= liche Rente ausgeſetzt und regelmäßig ausgezahlt, die nach Heinrichs Tode zur Hälfte auf ſeine Wittwe übergehen ſollte. Heine lebte ſehr freigebig; ſeine Opferfreudigkeit für nähere und ſelbſt fernere Freunde iſt eine der Licht= ſeiten ſeines Weſens. Die 20000 frs., um welche Campe 1837 das Verlagsrecht von Heine's Werken auf elf Jahre kaufte, reichten anſcheinend gerade zur Deckung ſeiner Schulden, die beſonders aus verfehlten Börſenſpekulationen herrührten, durch welche er ſeine Einnahme auf die Höhe ſeiner Ausgaben hatte heben wollen. So entſchloß ſich der deutſche Dichter und — was hier ſchwerer in's Gewicht fällt — Publiciſt zu einem bedenklichen und verhängniß= vollen Schritte, indem er weitere 4800 frs. Jahresrente von der franzöſiſchen Regierung annahm. — Blieb auch das Verhältniß zum Oheim, bald durch unmittelbare Schuld des einen oder andern Theils, bald durch Zwiſchen= trägereien mißgünſtiger Verwandten, nicht ohne vorüber= gehende Trübungen, ſo war der Dichter doch eben noch Anfang Oktober 1844 bei dem Beſuch in Hamburg auf's freundſchaftlichſte von Salomon Heine geſchieden.

Heinrich Heine knüpfte, gleichviel ob mit Recht oder Unrecht, an das Teſtament des Oheims hohe Erwartungen;

jedenfalls durfte er die Anweisung zu unveränderter Fort=
zahlung der bisherigen Rente als selbstverständlich ansehen.
Da meldet ihm ein kahler Brief des Universalerben Carl
Heine, den er als besonders liebreichen Vetter betrachtete,
daß ihm nur ein einmaliges Legat von 8000 Mark Banko
testamentarisch ausgesetzt sei; er, der Sohn Salomon Heines,
wolle aber aus freien Stücken die — Hälfte der bisherigen
Rente weiter zahlen, unter der Bedingung, daß ohne seine
Zustimmung der Dichter nichts über den Oheim veröffent=
liche.

Diese herbe Enttäuschung im Augenblick, wo der
Dichter seine Kräfte schwinden fühlte, wo die unheimlichen
Vorboten seines langsamen Absterbens sich zu offenbaren
begannen, raubte ihm jede Besinnung. So tief sich indeß
der Stolz des Dichters durch das schacherhafte Feilschen
Carls verletzt fühlen mochte, so heftig ihn die Katastrophe
gerade jetzt erschüttern mußte, — das Gegenmittel, dessen
er sich bediente, zeugt doch von einem im Grunde un=
edlen, niedrigen Charakter. Für einen Ehrenmann gab
es nur zwei Wege: auf die Rente völlig zu verzichten
oder, falls man sie weder entbehren noch ersetzen konnte,
seinen Stolz insoweit zu überwinden, daß man durch eine
Gegenvorstellung, die durchaus nicht demüthig zu sein
brauchte, an die Großmuth und das Schamgefühl des
andern Theils appellirte. Heinrich Heine verlor vor Be=
stürzung den Kopf: sein nun zu Worte kommender In=
stinkt riß ihn zu dem unverantwortlichen Plan hin, die
volle Weiterzahlung der Rente, neben vermittelnden Ver=

handlungen, durch öffentliche Preſſion erzwingen zu wollen, — und dennoch demüthigte er ſich ſchließlich! Glaubte er anfangs geſetzliche Anſprüche auf die Penſion zu beſitzen, dann bedurfte er um ſo weniger der Gewaltthätigkeit. — Nicht genug alſo, daß er das Zeugniß Meyerbeer's und die Vermittlung Campe's erfolgreich anrief: er mobiliſirte all ſeine Freunde, namentlich Detmold, Laſſalle, Schücking, Weill, den Fürſten Pückler und auch Laube, um die Ver= wandten durch den Scandal, den die Erbſchaftsangelegenheit in der Preſſe hervorrief, einzuſchüchtern.

Thatſächlich mußten die Freunde in erſter Linie die dem Dichter zu Theil gewordene Behandlung als ſcan= dalös empfinden; thatſächlich entbehrte die Angelegenheit, namentlich in den Augen von Publiciſten, nicht ganz des öffentlichen Intereſſes. Jedenfalls aber wird es begreiflich, daß ſie, nachdem Heine ſelbſt einmal ſeine Privatbe= drängniß der Oeffentlichkeit preisgegeben hatte, theilnehmend und mitleidig zum Freunde ſtanden und ihm ungeſtüm die öffentliche Meinung günſtig zu ſtimmen ſuchten.

Laube's Eingreifen war übrigens nicht eigentlich activ: er ließ den zweiten Artikel als bezahltes Inſerat in der „Deutſchen Allgemeinen Zeitung" vom 22. Februar 1845 veröffentlichen; dabei beſchränkte er ſich auf wenige ſtiliſtiſche Aenderungen („hat" hinter „geſtellt" fehlt, „nur" ſteht für „bloß", „welcher auch immer" für „der dazu immer", ein= mal „welche" für „die", „verbraucht" für „mißbraucht," — „an Privatverhältniſſe wagt" ſtatt des Dativs) ſowie auf Verdeutſchung einiger Fremdwörter („Freigebigkeit"

für „Munificenz", „große" für „koloffale"). Der erste
Artikel findet sich wesentlich abgeschwächt im redactionellen
Theil der von Kuranda herausgegebenen „Grenzboten"
(IV. Jahrgang, I. Semester, 1. Band, S. 527 f.); der
Wortlaut ist nun:

Aus Hamburg.

Der Heine'sche Nachlaß und Herr Dr. Halle.

Der Heine'sche Nachlaß tritt nun mehr und mehr als
eine abgemachte Sache in den Hintergrund. Der Präses unsers
Handelsgerichts, Herr Dr. Adolf Halle, welcher durch das Ver=
mächtniß seines Schwiegervaters Salomon Heine zu großem Reich=
thume gelangt ist, hat nun auch das prachtvolle neue Haus auf
dem Jungfernstieg bezogen, und der Glückliche erwartet in diesem
luxuriös meublirten Hause seine endliche Bestallung als Senator.
Natürlich fehlen dieser Gunst des Schicksals auch die Neider und
Klätscher nicht, und die mit dem Testamente mit Recht oder Unrecht
Unzufriedenen tauchen überall auf und behaupten: bloße Verstandes=
eigenschaften und merkantilischer Charakter seien noch nicht genügend
für einen solchen Posten, die Erbschaftsangelegenheit, der Advokaten=
styl und dergleichen, solle nur erst in der Nähe betrachtet und geprüft
werden. Doch eine solche Prüfung ist hierbei nicht zu fürchten, und
der hoch= und wohlweise Rath wird wissen, wie viel oder wie wenig
auf dergleichen Insinuationen zu geben ist. Es ist dies ein Fall,
bei welchem sorgfältig zu prüfen ist, wie weit bei der Verleihung
öffentlicher Stellen Rücksicht zu nehmen ; sei auf die sogenannte
öffentliche Meinung, und ob das unter der Oberfläche hinschleichende
Gemurmel denn auch wirklich schon öffentliche Meinung genannt
werden kann.   .   .

An diese fingirte Correspondenz schließt sich folgende ver=
mittelnde Bemerkung, die vielleicht auf Weill's Artikel beruht:

Dieser uns nicht ganz deutliche Brief ist uns von einem

anderen als unserem gewöhnlichen Corresp. eingesendet worden, und wir geben ihn nur, um an die Heine'sche Erbschafts=Angelegenheit zu erinnern, welche gar sehr der Erinnerung bedarf. Das Resultat in derselben läuft da hinaus, daß die genialste Person der ganzen Familie Heine, der einzige Heine, welcher noch mit Auszeichnung genannt werden wird, wenn die Millionen Goldstücke längst ver= ronnen sind, in dem berufenen Testamente so gut wie leer ausge= gangen, das heißt mit einem ganz kleinen Kapital abgespeist ist. Er genoß bekanntlich von seinem Oheim eine Jahresrente und es unterlag keinem vernünftigen Zweifel, daß ihm diese Rente durch das Testament des Oheims gesichert sein werde. Zu großem und allerdings bei allen Gebildeten dem Testamentsabfasser ungünstigem Erstaunen fehlte diese Rente im schriftlichen Nachlasse. Wer hat das Testament aufgesetzt? war die erste Frage, wer hat in solcher unrühmlichen Weise auf den alten Herrn eingewirkt? Möglich, daß bei diesen Erörterungen im Publikum dem Einen oder dem Anderen Unrecht geschehen ist. Aber natürlich war es, und die Familie kann sicher sein, daß dieser Vorwurf nicht ruhen und nicht sterben wird, so lange es deutsche Schriftsteller giebt. Diese, sie mögen Heine lieben oder hassen, müssen indignirt sein über eine Behandlung, welche selbst bei ungeheurem Vermögen das Genie der Familie ab= speist wie den lästigsten Bettler und die alten Tage des Dichters verächtlich dem Zufall Preis giebt; sie müssen eine niedrige Rache der Mittelmäßigkeit dahinter suchen. Von wem sie eigentlich her= rührt, die Rache, wir wissen es nicht, wir sind von den persönlichen Verhältnissen nicht unterrichtet, wir erlauben uns auch deshalb nicht, Jemand zu bezüchtigen. Nur Eins wissen wir gewiß, und dies be= trifft den Sohn des verstorbenen Salomon Heine, den Vetter des Dichters, Carl Heine. Wir wissen, daß ihn nicht der geringste Vorwurf treffen kann, und daß er nach wie vor den Dichter mit Liebe und Treue behandelt hat. Wir zweifeln auch nicht, daß er, was an ihm liegt, den Vorwurf der öffentlichen Stimme zu ent= kräften suchen wird.

D. Red.

Adolph Halle war der Mann von Therese Heine, zu welcher Heinrich selbst, nach neueren Forschungen von Ernst Elster, einst Liebe im Herzen getragen. Gegen ihn, den glücklichen Verstandesmenschen, welcher die Braut heimgeführt, hegte der Dichter von je Argwohn, dem seine Poesie oft genug in satirischem Spott Ausdruck gab. — Ueber den Verlauf des Erbschaftsstreites ist im übrigen zur Genüge geschrieben worden (vgl. H. Hüffer in der Deutschen Rundschau, Band XLII, S. 450 ff.). — Der Ausbruch von Heine's Krankheit wurde durch seine Be=stürzung zwar nicht verursacht, aber doch wohl beschleunigt. Sogleich im Januar 1845 befiel ihn eine schlagartige Lähmung. Als im Sommer 1846 die falsche Nachricht von Heine's Tod durch die Zeitungen ging, schmolz Karls Hartherzigkeit; sobald die Meldung widerrufen war, schrieb er liebreich an den Vetter und zeigte sich zur Fortzahlung der Rente geneigt. Im Februar 1847 bot sein Aufenthalt in Paris Gelegenheit zu voller Versöhnung; doch bequemte sich der Dichter jetzt sogar zu der schriftlichen Verpflichtung, über seine sämmtlichen Verwandten nichts ohne deren Ge=nehmigung zu veröffentlichen.

Für Laube's Unterstützung in der Familienange=legenheit dankt Heine bereits am 24. Mai 1845 (s. Werke, hg. v. Karpeles, IX, 319) mit der Bitte: „Sagen Sie mir jetzt, wie viel Inseratkosten Sie für mich gezahlt haben, und wie ich Ihnen dieselben zukommen lassen soll."

Im Frühjahr 1847 weilte Laube wieder in Paris. Wie fand er den Freund verändert! Abgemagert, mit grauem Bart, ein Auge völlig, das andere auch schon fast ganz geschlossen, schleppte sich Heinrich Heine mühsam am Stock fort.

Jetzt erst griff zwischen den Freunden die Anrede Du Platz. Da Heine bei Laube's späterem Besuch sein Lager nicht mehr verlassen konnte, gehört nachstehendes undatirte Billet in die Zeit dieses Beisammenseins von 1847.

Ich wünsche Dir, lieber Laube, den schönsten guten Morgen, und bitte Dich Ueberbringern das Album und die Bücher zu geben. — Um 1 Uhr bin ich bey Weill, rue du Cadran No. 14. — Du hast hier verflucht schlechtes Wetter. H. Heine.

Monsieur Henri Laube
   Hôtel de Rouen
   Rue d'Anguibilliers.

Die übrigen Billets aus denselben Wochen (f. Werke, hg. v. Karpeles, IX, 347 f.) erwähnen fortlaufend die steigende Krankheit, hier aber ist nicht davon die Rede; namentlich auch sollen durch Ueberbringer Bücher abgeholt werden, welche Laube wohl mitgebracht; ebenso verweisen endlich die Schlußworte auf die ersten Tage eines Aufenthaltes, — so scheint der Zettel an die Spitze der brieflichen Denkmäler des Besuchs von 1847 zu gehören.

In den nächsten Jahren stieg Heine's Krankheit und damit seine satirische Bitterkeit. Denn seine Geisteskräfte blieben die lange Qual hindurch bis an's Ende frisch, nur daß natürlich die Weihe der reinen, gesunden Stimmungslyrik für gewöhnlich von ihm wich und die zarte, ätherische Muse oft durch den Spott des Momus von Heines

Schmerzenslager hinweggescheucht wurde. Diese schonungs=
lose, noch immer geistreiche Satire klingt auch in den beiden
letzten uns vorliegenden Briefen an.

Paris, den 12. October 1850.

Liebster Laube!

Schon seit einem Jahrhundert habe ich Lust oder vielmehr Un=
lust, Dir zu schreiben; aber ich wollte eine gute Stunde abwarten,
wo kein körperliches Mißbehagen den moralischen Unmuth steigert. Aber
die Stunde kam nicht, und in einer Stimmung, die desperater als je,
schreibe ich Dir heute. Ich habe bereits diesen Morgen meine
Frau bis zu Thränen gequält und jetzt kommt die Reihe an Dich,
dem ich jetzt in der plumpsten Weise das Unangenehme sagen will,
das ich Dir bei besserer Laune viel glimpflicher oder überzuckert bei=
gebracht hätte. Es gilt dieses zunächst Deinem Buche über das
deutsche Parlament, das ich vor länger als 6 Monaten gelesen und
doch noch nicht verdaut habe. Verschweigen darf ich Dir das nicht,
oder kann ich Dir es nicht, dazu bin ich zu sehr Deutscher. Doch wozu
lange verschimmelten Ärger wieder durchkäuen: so viel wisse, daß mich
das Buch 8 Tage lang todtkrank machte. Es ist ein sehr gut ge=
schriebenes Buch, das beste, was ich von Dir gelesen habe, und Dein
Verbrechen ist um so größer. Ja, Du hast ein Verbrechen an dem
heiligen Geist begangen und Du weißt, daß diese Sorte von Ver=
schuldungen keine Vergebniß finden. — Es betrübt mich zugleich der
Gedanke, welcher schrecklichen Sühne Du dadurch entgegen gehst.
Möge die Hand Gottes einst nicht zu schwer auf Dir lasten, denn ich
weiß, daß Du wie ich selber, bei meinen sündigsten Handlungen nur
aus Dummheit gefrevelt. Du hast Geist genug, um Dummheiten
begehen zu können; was bei dem Mittelmäßigen ganz unstatthaft
ist, muß man dem Großen manchmal erlauben. Das Schreckliche
ist, daß Deine Gegner, die Dich mit dem Maßstab ihrer eigenen
Gemeinheit messen, Deine Handlung nicht der Dummheit, sondern
der Klugheit zuschreiben. Wie weit ich davon entfernt bin, an die

Motive zu glauben, die Dir der republikanische Jugendpöbel mi
mehr oder minder bona fides andichtet, kannst Du Dir leicht vor
stellen; ich begreife wie Du die Helden Deiner ehemaligen Parthe
— (Du hast vielleicht vergessen, daß Du zur revolutionären Parthe
gehört hast und als ein Koryphäe derselben genug erdulbet hast,
— wie Du hohle Liberale, strohköpfige Republikaner und ben
schlechten Schweif einer großen Idee, mit Deinem prickelnden durch
hechelnden Talente, lächerlich machen konntest — leichtes Spiel hattes
Du jedenfalls, da Du diese Personen nur genau abzukonterfeien
brauchtest, und die Natur Dir hier zuvorgekommen, indem sie Dir Kari
katuren bereits fix und fertig vorgeführt, in die Feder geliefert —
Du hast kopflose Menschen guillotinirt. Aber ich begreife nicht, wi
Du mit einer stoischen Beharrlichkeit der Lobpreiser jener Schlechten
und noch Mittelmäßigeren sein konntest, jener Heroen, die kaum wert!
sind, ihren geschmähten Gegnern die Schuhriemen zu lösen, und bi
sich resumiren in dem Edlen von Gagern, diesem Achilles, desse
Homer Du geworden bist. Wie schade, daß seine Mutter Thetis ih
nicht bei den Ferfen, sondern bei dem Kopfe faßte, als sie ihn i
den Styx tauchte, so daß der Kopf der verletzliche schwächlichst
Theil des Edlen wurde. Doch kein Wort mehr — auch werde ic
gestört in diesem Augenblicke, — genug ich habe Dir meine Meinun
gesagt, unbekümmert um welchen Preis.

Und nun zu einem ebenfalls trüben Gegenstand. Ueber mei
Ballet hast Du mir kein Wort wissen lassen, welche Saumseligke
um so tadelhafter, da erstens mein Körperzustand nicht der Art if
daß ich auf Etwas lange warten darf, und da ich Dir zweitens ur
umwunden den Grund angegeben habe, warum ich diese Sache geförde
zu sehen wünschte, warum es mit ihrer Förderung Eile hat. E
handelt sich hier nicht von einem literarischen Interesse, es stachelt mi
hier nicht die Ruhmsucht, die mich überhaupt nie sehr gestachelt h
und ihre hinlängliche Befriedigung hier auf Erden fand; es hande
sich um die Interessen meines Suppentopfs, weit respectablere Inte
essen, die mich leider bis zum letzten Augenblick beschäftigen. Was t

Dir bereits früher darüber geschrieben, hast Du vielleicht vergessen; meine Krankheitskosten haben sich seitdem vergrößert; es ist grauenhaft, wie ich nicht blos leiblich, sondern auch finanziell abgezehrt bin. Es liegt ein Fluch auf meinen Finanzen. Mit meinen Sippen und Magen stehe ich in denselben häkelichen Verhältnissen. Mein Vetter giebt mir eine höchst anständige Summe jährlich, die aber doch nicht hinreicht, weil ich in Paris wohnen muß; eine Transportirung nach Deutschland ist gar nicht mehr möglich, so sehr bin ich herunter, ich würde die Reise keinen Monat überleben, die Transportkosten wären verloren. Ueber diese Punkte sprach ich hier mit dem Dr. Joseph Bacher, den Du seitdem in Wien gesehen haben wirst, und der Dir gewiß unsere Unterhaltung mitgetheilt hat. Er hatte die Idee, daß ich ein poetisches Buch auf Subscription herausgeben solle und machte sich anheischig, mir dadurch zu einer bedeutenden Summe zu verhelfen. Die Idee lächelte mir nicht sehr, sie grinste mir vielmehr etwas säuerlich in's Gemüthe, da ich dergleichen immer für eine versteckte Bettelei ansah, obgleich unsere bedeutendsten deutschen Schriftsteller sich einer solchen Form unterzogen. Ich wäre gern aus dieser Welt gegangen ohne je auf den Dank meiner deutschen Mitbürger Anspruch gemacht zu haben. Ich habe die gemeineren Berührungen mit dem Publikum immer Campen überlassen. Und das soll nun anders sein, noch kurz vor meinem Tode — ein verdrießlicher Gedanke ist es mir, zu einem solchen Hülfsmittel meine Zuflucht nehmen zu müssen. Konferire hierüber mit Herrn Bacher, der mir auch in Bezug auf das Ballet seinen Miteifer versprochen. — Ich weiß nicht, ob Du meinen Bruder nicht gesehen; da ich ihm noch immer nicht geschrieben habe, und vielleicht auch nicht sobald dazu komme, ihm zu schreiben, so wäre es mir lieb, wenn Du ihm authentische Nachrichten von mir gäbest, da in deutschen Blättern so viel Widersinniges von mir geredet wird. Solltest Du mit dem Ballet zu keinem Resultate gekommen sein und auch kein nahes vorhersehen, so bitte ich dieses Manuscript sehr stark versiegelt an meinen Bruder zu geben mit dem Bemerken, daß ich ihm seiner Zeit anzeigen werde, wie ich darüber verfügen will. Ich bitte Dich auch, Herrn Bacher anzugehen, daß er mir über die besprochene Angelegenheit sobald als möglich schreibt. Ich habe Dir auch geschrieben, daß Du meine kleine Tragödie William Ratkliff einmal durchlesen und mir sagen solltest, ob sie für das Theater zurichtbar sei, in welchem Falle ich mich namentlich erböte, die vielleicht mißfälligen Geistererscheinungen darin auszumerzen und noch ein oder zwei Szenen hinzuzudichten, um dem Einwurf einer zu großen Kürze zu entgehen. Aber ich habe auch hierüber von Dir keinen Brief erhalten.

Mein Zustand hat sich insofern verschlimmert, daß meine Kontractionen stärker und bezidirter geworden. Ich liege zusammengekrümmt, Tag und Nacht in Schmerzen, und wenn ich auch an einen Gott glaube, so glaube ich doch manchmal nicht an einen guten Gott. Die Hand dieses großen Thierquälers liegt schwer auf mir. Welch ein gutmüthiger und liebenswürdiger Gott war ich in meiner Jugend, als ich mich durch Hegels Gnade zu dieser hohen Stellung emporgeschwungen! Ich lebe ganz isolirt und sehe wenig Deutsche, außer durchreisende Fremde. Meißner war hier und ich sah ihn viel. Auch seinen großen Landsmann Moritz Hartmann sah ich dieser Tage; ist ein sehr hübscher Mensch, und alle Frauenzimmer sind in ihn verliebt, mit Ausnahme der Musen. Er ist hier im Gefolge von Adolf Stahr und Fanny Lewald, bei welchen er lohnlakayert und sich ein literarisches Trinkgeld verdienen wird. Stahr's Reise nach Italien habe ich mit großem Vergnügen gelesen. Deinen politischen Glaubensgenossen A. Weill sehe ich gar nicht mehr. Monsieur Bamberg, der berühmte Hebbelist, hat sich einige kleine Stinkereyen zu Schulden kommen lassen und bleibt jetzt weg. Wie Meyerbeer an mir gehandelt hat, als er glaubte, ich sei schon todt und nicht mehr explodierbar, ist Dir bekannt; er ist wieder hier in Ruhmgeschäften. Seuffert hatte sich einigermaßen vom Soff zurückgezogen und sich der Religion in die Arme geworfen, jetzt aber scheint er beides vereinigen zu wollen, und noch obenbrein die Liebe hinzuzufügen: er ist verliebt und Bachus, Christus und Amor bilden jetzt seine Dreieinigkeit. Er ist aber von allen Hiesigen der Beste und jedenfalls der Geistreichste. Karbeles hat geheirathet, und zwar eine junge Dame, die ihn an Schönheit über= trifft. Meinen Freund Balzac habe ich verloren und beweint. George Sand das Luder hat sich seit meiner Krankheit nicht um mich be= kümmert; diese Emancipatrice der Weiber oder vielmehr diese Emancimatrice hat meinen armen Freund Chopin in einem ab= scheulichen, aber göttlich geschriebenen Roman auf's Empörendste maltraitirt. Ich verliere einen Freund nach dem andern und bey denen, die mir übrig bleiben, erprobt sich das alte Sprichwort: Freunde in der Noth gehn sechzig auf ein Loth —

Aber das Sprichwort ist doppelschneidig, es kritisirt nicht blos die Beklagten, sondern auch den Kläger: mich trifft jedenfalls der Vorwurf, daß ich in der Wahl meiner Freunde sehr kurzsichtig war, und ich deren so leichte wählte. Welche Menge Freunde muß ich jetzt haben, daß mir ein Pfund herauskommt.

Schreibe mir bald Antwort, meine Adresse ist rue d'Amster= dam 50 — Ich vergaß Dir oben zu sagen, daß ich mit meinem Freunde Campe noch immer in derselben Lage stecke; dieser Freund in der Noth hat mir seit laenger als 2 Jahren nicht geschrieben, beschränkt sich darauf, die halbjährigen Wechsel zu zahlen, die ich contractmäßig auf ihn trassire, eine geringe Summe, welche nicht einmal ausreichen würde, meine Krankenwärterin zu bezahlen, in= dem ich dieser Person außer der Beköstigung täglich 5 frs. zahlen muß. Deine Frau laß ich freundschaftlich grüßen, so wie auch meine Mathilde, die Euch beiden die hübschesten Dinge (bien des choses) sagen läßt. Ich wünsche Euch Gesundheit und Heiterkeit und empfehle Euch dem besonderen Schutze Gottes.

Heinrich Heine.

Laube's sehr lebendige Schrift „Das erste deutsche Parlament" erschien dreibändig im Herbst 1849 zu Leipzig. Er erstrebte nach eigenem Geständniß (s. Laube's Ge=

sammelte Schriften, Band XVI, S. 97) „Freiheit mit
Maß, Einigung des deutschen Vaterlandes auch mit
Opfern." Die Pläne der süddeutschen Republikaner erschienen ihm haltlos und besonders von großer Gefahr
für eine Einheit Deutschlands. So hielt er sich im Frankfurter
Parlament zum linken Centrum und zur Erbkaiserpartei.
Heine nahm argen Anstoß an der Mäßigung des Freundes;
auch gegen Meißner und Kolb spricht er sich sehr schroff
über Laube's Buch aus (1. November 1850 bezw. 21. April
1851, — Werke, herausgegeben von Karpeles, IX, 376
und 381). —

Seit Anfang des Winters 1849 war Laube Direktor
des Hofburgtheaters in Wien. Für Heine lag es deshalb nahe, in seinen erneuten finanziellen Nöthen nach
dem Strohhalm theatralischer Tantièmen zu greifen —
vergeblich. — Den „Ratcliff" überschätzte der Dichter von
jeher. Das Ballet „Der Doktor Faust" brachte ihm
wenigstens eine erhebliche Einnahme vom Direktor des
Theaters der Königin in London, der es bei Heine
bestellte, ohne es schließlich aufführen zu können, da es
den Balletmeistern als eine zu gefährliche Neuerung erschien, das Libretto eines Dichters in Scene zu setzen.
Laube legte das Manuscript, weil sich in Wien nichts
dafür thun ließ, schon 1849 Meyerbeer zur Aufführung
am Berliner Hoftheater vor. Als hier 1854 das Ballet
„Satanella" von Taglioni in Scene ging, glaubte Heine
seinen „Faust", genauer die Mephistophela, widerrechtlich
benutzt. —

Heinrich Heine's ältester Bruder Gustav lebte in Wien als Redacteur des „Fremdenblattes". 1851 und 1855 besuchte er den kranken Dichter. 1852 trat der jüngere Bruder Maximilian an Heinrich's Schmerzenslager.

Nach Maximilian Heine's „Erinnerungen an Heinrich Heine und seine Familie" (S. 106) verkehrte damals George Sand als besonders gern gesehener Gast bei dem Dichter, der sie seinen „besten Freund" nannte. Wenn dieser sie in vorliegendem Brief der Theilnahmlosigkeit anklagt, haben wir darin eine voreilig ungerechte Bitterkeit zu sehen, wie sie an Schwerkranken nicht selten ist. — Ihre Beziehungen zum Componisten Chopin während des gemeinsamen Aufenthaltes auf Mallorca behandelt George Sand in „Un hiver à Majorque". — Gegen die auch von Heine hier getheilte Annahme, daß sie Chopin im Prince Karol der „Lucrezia Floriani" darstelle, protestirt die Dichterin (Histoire de ma vie, IV, 467).

Die Hauptgegenstände dieses Briefes kehren im nächsten Schreiben wieder.

Paris, 30. November 1850.

Liebster Laube!

Die Witterungs-Veränderung verschlimmert in diesem Augenblick meinen Krankheitszustand und raubt mir Lust und Fähigkeit zum Schreiben. Daher nur das Nöthigste zur Beantwortung Deines letzten Briefes. Ueber den politisch confessionellen Theil desselben kein Wort mehr, da dergleichen doch zu keinem Resultate führen könnte. Genug wir wissen jetzt, auf welchem Felde wir uns beide nicht begegnen dürfen, ohne feindselig an einander zu gerathen. Es ist traurig, daß dem so sei. Es hat mich gerührt, daß Du nicht

darauf eingegangen bift, ben Unmuth, bem ich in meinem letzten
Brief ben Zügel schießen ließ, einer momentanen persönlichen Em=
pfindlichkeit beizumessen: indem ich Dich ber Vernachlässigung meiner
Privatinteressen beschuldigte, konntest Du sehr leicht meine Un=
muthsworte einem Particularmißmuthe zuschreiben — ich hatte barauf
gerechnet, benn es kam mir im Grunbe nicht in ben Sinn, baß
solche Vernachlässigung stattfinbe, unb Dein Brief beweist mir, wie
wenig es ber Fall ist. Daß Du rein auf bie Sache eingingest, ist
ehrlich unb reblich, unb baß Du mit ben banalsten Schmähungen:
Charaktermangel, Poeteneitelkeit, Popularitätssucht u. bergl. auf
mich einschiltst, ist mir sehr erfreulich, unb ich sehe darin bie Für=
sorge bes Freundes, ber wohl weiß, baß ich biese Parteisprache sehr
gut kenne unb gegen ihre herbsten Idiotismen nachgerabe sehr ab=
gestumpft sein muß. Du hast Dich so verjüngt, baß Du wieber
ein Schüler bes alten Jahn geworden, unb bie alte Turnhose an=
gezogen. Was Dein Appell an bas Urtheil ber Vernünftigen unb
Praktischen betrifft, so wäre ich nicht übel geneigt, Dir einen Brief
von Varnhagen mitzutheilen, ber mir bieser Tage offen unb
burch verschiebene Hände gehenb zugekommen ist unb eine schreckliche
Apologie bes jungen Deutschlands unb namentlich Deiner enthält.
Hier sinb keine banalen Spießbürgerphrasen, es sinb blutige Wahr=
heiten, unb nicht ich werbe sie bem Freunbe mittheilen. Der Himmel
erhalte Dich unb schenke Dir Gesundheit unb alle jene Philisterfreuben,
bie Du so theuer erkauft hast.

Was meine Geschäfte betrifft, so will ich mich kurz fassen.
Die Aufführung bes Ratcliff war nur eine vorübergehenbe Grille,
an bie ich selbst nicht ernsthaft bachte unb bie ich ganz aufgebe.
Kann aber bas Ballet boch zur Aufführung kommen, so wär mir
bas sehr gepfiffen; unb inbem ich zu bem ursprünglichen Libretto
noch ein halb Dutzenb Druckbogen hinzuschreibe, bie bas Bezüglichste
unb Interessanteste enthalten müßten, so würbe ich wohl ein Büchlein
geben können, bas bem Volumen bes Atta Troll gleichkäme unb mir
ein erklecklichez Honorar eintragen könnte. Nun aber bin ich Campen

gegenüber auf folgende Weise gebunden: Ich muß ihm jedes Buch, das ich herauszugeben beabsichtige, vorher zu demselben Honorar anbieten, das mir ein anderer Buchhändler dafür geben würde, und im Falle er mir dieselbe Summe zugeſtände, bliebe ihm der Vorrang vor andern Buchhändlern. Du ſiehſt, ich muß nun warten, bis ich Gewißheit von Dir erhalte, daß das Ballet wirklich aufgeführt werde, und alsdann müßteſt Du mir die Summe angeben, die ich von Campe verlangen dürfte für ein Opus von angedeutetem Volumen. Es iſt möglich, aber nicht wahrscheinlich, daß er ſich bereit er= klärt, für den verlangten Preis durch einen ſeiner Helfershelfer dort in Wien das Buch zu drucken, um es gleichzeitig bei der Balletauf= führung ausgeben zu können. Dieſer Demarche muß ich mich unter= ziehen, wenn ich ihm nicht das Meſſer in Händen geben will gegen mich ſelbſt. Bisher hat er ſeine contractlichen Verbindlichkeiten richtig erfüllt, und der Himmel weiß! daß auch ich die meinigen ſtrict erfüllen will. Es iſt möglich, wenn er ſieht, daß ich dort einen Buchhändler habe und auf ein beſtimmtes Honorar Anſpruch machen kann, er diesmal ſich weniger zähe zeigen dürfte und jedenfalls ſein kindiſches Stillſchweigen brechen müßte. Sage mir daher, welche Anerbietungen ich ihm machen ſoll, um eventualiter gleich ins Reine zu ſein. Das Project einer Herausgabe eines neuen Buchs Gedichte rückt wieder in die Ferne, da meine Krankheit mir nicht erlaubt, das flüchtig Crayonnirte aufzuzeichnen und für den Druck zu ordnen. Wird die Noth groß, ſo muß ich freilich mit einem ſolchen Buch herausrücken. Du ſagſt mir nicht, ob Du Herrn Joseph Bacher über mich geſprochen; man erwartet ihn in Paris, wie ich höre; iſt er jedoch noch in Wien, ſo laß ich ihn bitten, mich bei ſeiner Ankunft hier recht bald zu beſuchen. — Meinen Bruder, wenn Du ihn ſiehſt, bitte ich freundlich zu grüßen; ich habe er= fahren, wie er der Menſchheit einen neuen Beweis gegeben hat, daß er ſich mit der Erhaltung derſelben eifrig beſchäftigt. Grüße mir auch Frau Doctorin Laube, von der wir oft in traulicher Unter= redung uns hier unterhalten. Wir will heißen ich und meine

Mathilde, die an meinem Krankenbette einen harten Stand hat, mir mehr als je mit Treue und Liebe ergeben ist, und vielleicht auch die einzige Ursache ist, warum ich dieses hundsföttische Leben noch mit Geduld ertrage.

Dein Freund

Monsieur   Heinrich Heine.
le Docteur Henri Laube   50 rue d'Amsterdam.
aux Bureaux de la Direction
du Burg-Theater.
Vienne.
Capital de l'Autriche.

Mit der Entfremdung Varnhagen's von Laube hat es seine Richtigkeit. Als dieser den in so vieler Beziehung Gesinnungsverwandten 1852 nach fünfjähriger Trennung in Berlin besuchte, brach die Gegnerschaft offen hervor, denn Varnhagen bekannte sich trotz seiner früheren diplomatischen Zurückhaltung zur radicalen Partei. —

1843 hatte Heine den Verlag der Gesammtausgabe seiner Schriften an Campe gegen eine sehr mäßige Jahresrente verkauft. — Eine neue Verständigung mit dem lange geschäftlich befreundeten Verleger erfolgte im Sommer 1851 bei dessen Besuch in Paris. Noch im selben Jahr erschien die Gedichtsammlung „Romancero".

Die oft wiederholte Anerkennung Heine's für das liebevolle Verhalten seiner Frau sollte der Vielgeschmähten heute endlich als Schutzbrief dienen und unnöthige Angriffe von ihrem Andenken fern halten. Freilich haben wir uns ihre Stellung am Krankenbette nicht unter dem

Bilde einer barmherzigen Schwester zu denken; Heine selbst
hielt sie mit Recht zur Zerstreuung an, und natürlich besonders dann, wenn fremder Besuch ihm Abwechselung
brachte. — Als Laube 1855 nochmals nach Paris kam, fand
er des Freundes Leib zur Mumie zusammengeschrumpft,
aber noch bewegte sich des Dichters Witz in den „frechsten
Geistessprüngen“ (s. Gartenlaube 1868, S. 27). Der
Eindruck dieses Widerstreites war ein peinlicher.

*   *   *

Die uns erhaltenen Briefe reichen nicht in diese Zeit
hinein. Nur noch zwei Abschnitte liegen vor uns, welche
in den bereits 1861 von Strodtmann zuerst gedruckten
Briefen übergangen wurden, heute aber unbedenklich zur
Ergänzung herangezogen werden dürfen.

Am 7. November 1842 schreibt Heine an Laube im
Anschluß an den dritten Absatz („schlecht geht es uns
auf jeden Fall“, — Werke, herausgegeben von Karpeles,
IX, 270):

Ad vocem Gutzkow bemerke ich Ihnen, daß, wie Sie richtig
vorausgedacht, sein ganzes Buch eine Intrigue und Lüge ist. —
Weill, nemlich der A. Weill, war in der jüngsten Zeit sein Lohn-
lakay, und schreibt mir aus Deutschland, wie sehr sein Gutzkow es
bereue, mich angegriffen zu haben, wie sehr er mich jetzt lieb und
wie er gewiß einst mein bester Freund seyn werde. So nieder-
trächtig denkt dieser Pöbel von mir. Ich bemerke Ihnen dieses,
damit Sie in Betreff der Eleganten wissen, woran Sie mit Weill
sind und daß er nur eine Creatur jenes Intriganten, der die Anarchie

unserer Tagespresse so hundsföttisch arglistig gegen uns ausgebeutet. Ich, gemeinschaftliche Sache machen, und der beste Freund werden von C. Gußkow!

In dem erhaltenen Theil des Briefes vom 19. October 1846 (ebenda IX, 340) lautet der bisher unterdrückte Schlußsatz:

Mr. Gußkow habe ich auch hier als einen der betriebsamsten Gehülfen der Verdächtigung und Entstellung meiner Privatver= hältnisse — ertappt.

Beide Abschnitte beziehen sich noch auf den Streit um Börne, der zweite im besondern auf die aus Rache folgen= den Intriguen von Straus. —.

In Laube's Nachlaß fand ich schließlich ein an Heine adressirtes Billet, das, obgleich nur G. S. unterzeichnet, nach Erwähnung der „Consuélo" zweifellos von George Sand herrührt. Ich reihe es hier an.

G. S.

Cher Cousin, vous m'avez promis la traduction de quelques lignes de vous sur Potzdam ou sur Sanssouci. Voici le moment où j'en ai besoin. Permettez-moi de les citer textuellement en vous nommant; c'est par cette citation que je veux commencer la seconde série des aventures de Consuélo, la quelle vient d'arriver à la cour de Frédéric. Dépêchez-vous donc et venez me voir, car je pars dans quelques jours.

Votre cousine
G. S.

Monsieur Henry Heine,
rue de faubourg Poissonnière
46.

Die Anrede ist als technischer Ausdruck der Bohême zu nehmen.

Die Fortsetzung der „Consuélo", „La comtesse de Rudolstadt," enthält die Zeilen Heine's nicht, ebenso wenig „Consuélo" selbst. Nach der Entstehungszeit der „Comtesse" fällt das Blatt um die Wende der Jahre 1842 und 43. Heine wohnte am Ort der Abresse vom October 1841 bis 1846.

Es wird sich um die nachfolgende Bemerkung handeln, die von dem Verhältniß der Stadt Berlin zu Friedrich dem Großen ausgeht (Reisebilder II):

„Wäre seit seinem Tode nichts mehr daran gebaut worden, so bliebe sie ein historisches Denkmal von dem Geiste jenes prosaisch wundersamen Helden, der die raffinirte Geschmacklosigkeit und blühende Verstandesfreiheit, das Seichte und das Tüchtige seiner Zeit, recht deutsch-tapfer in sich ausgebildet hatte. Potsdam z. B. erscheint uns als ein solches Denkmal, durch seine öden Straßen wandern wir wie durch die hinterlassenen Schriftwerke des Philosophen von Sanssouci, es gehört zu dessen oeuvres posthumes, und obgleich es jetzt nur steinerne Makulatur ist und des Lächerlichen genug enthält, so betrachten wir es doch mit ernstem Interesse und unterdrücken hie und da eine aufsteigende Lachlust, als fürchten wir, plötzlich einen Schlag auf den Rücken zu bekommen, wie von dem spanischen Röhrchen des alten Fritz." —

*   *   *

Die vorstehend bekannt gegebenen Briefe Heinrich
Heine's tragen in jedem Sinne deutlich genug den Stempel
seiner eigenartigen Persönlichkeit. So bezeugen sie neben
seinem Geist und Witz namentlich auch seine fast schranken=
lose Subjectivität. In ihr liegt wohl der einheitliche
Mittelpunkt seines Wesens, in ihr wurzeln gleichmäßig
die an sich einander scheinbar schroff widerstreitenden
Eigenschaften seines Lebens und Dichtens. Denn so wenig
wir die Bedeutung eines Dichters ausschließlich nach dem
Grad hohepriesterlicher Weihe, die auf seinem Leben ruht,
bemessen werden, so gewiß darf sich die Wissenschaft nicht
mit Umkehrung der Formel aus „Atta Troll" begnügen,
— „ein Talent, doch kein Charakter!" In erheblichen
Theilen von Heine's lyrischen und prosaischen Werken tritt
uns subjectives Spiel entgegen, und wir suchen vergebens
das Substrat einer festwurzelnden Idee, eines einheitlichen
Ideals. Auch das verleiht ihnen, neben der jegliche Mittel=
mäßigkeit vernichtenden Gewalt des Heine'schen Witzes,
einen gewissen originellen Werth, wenn wir auch höher als
diese Zeugnisse seiner Virtuosität diejenigen Dichtungen
stellen müssen, in welchen es ihm gelingt, den Zwiespalt
seines Herzens zu überwinden oder doch zu überbrücken.
Wo er die Einheit der Stimmung ernstlich wahrt, wo
es ihm überhaupt um's Dichten Ernst ist, erscheint er
ganz Musik und Duft, ja oft auch in der Prosa als
lyrischer und selbst plastischer Künstler. Aber die tödt=
lichsten Feinde hatten seine Brust zum Tummelplatz ihrer
wilden Kämpfe erkoren: auf poetischem Gebiete Romantik

und Naturalismus, auf politischem Radicalismus und Romantik, auf nationalem Judenthum, Deutschthum und Pariserthum, auf religiösem Heidenthum, Christenthum und Judenthum! So ist er frei von dem Fluche, aber auch von der Pietät und Solidität der Tradition, ein self-made man, aber ein Parvenu, — eins der charakteristischsten Gebilde der literarischen und socialen Uebergangszeit.

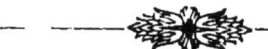